劳动争议调解仲裁法一本通

法规应用研究中心 编

中国法制出版社
CHINA LEGAL PUBLISHING HOUSE

编辑说明

“法律一本通”系列丛书自2005年出版以来，以其科学的体系、实用的内容，深受广大读者的喜爱。2007年、2011年、2014年、2016年、2018年、2019年、2021年我们对其进行了改版，丰富了其内容，增强了其实用性，博得了广大读者的赞誉。

我们秉承“以法释法”的宗旨，在保持原有的体例之上，今年再次对“法律一本通”系列丛书进行改版，以达到“应办案所需，适学习所用”的目标。新版丛书具有以下特点：

1. 丛书以主体法的条文为序，逐条穿插关联的现行有效的法律、行政法规、部门规章、司法解释、请示答复和部分地方规范性文件，以方便读者理解和适用。

2. 丛书紧扣实践和学习两个主题，在目录上标注了重点法条，并在某些重点法条的相关规定之前，对收录的相关文件进行分类，再按分类归纳核心要点，以便读者最便捷地查找使用。

3. 丛书紧扣法律条文，在主法条的相关规定之后附上案例指引，收录最高人民法院、最高人民检察院指导性案例、公报案例以及相关机构公布的典型案例的裁判摘要、案例要旨或案情摘要等。通过相关案例，可以进一步领会和把握法律条文的适用，从而作为解决实际问题的参考。并对案例指引制作索引目录，方便读者查找。

4. 丛书以脚注的形式，对各类法律文件之间或者同一法律文件不同条文之间的适用关系、重点法条疑难之处进行说明，以便读者系统地理解我国现行各个法律部门的规则体系，从而更好地为教学科研和司法实践服务。

5. 丛书结合二维码技术的应用为广大读者提供增值服务，扫描前勒口二维码，即可免费部分使用中国法制出版社推出的【法融】数据库。【法融】数据库中“国家法律法规”栏目便于读者查阅法律文件准确全文及效力的同时，更有部分法律文件权威英文译本等独家资源分享。“最高法指导案例”和“最高检指导案例”两个栏目提供最高人民法院和最高人民检察院指导性案例的全文，为读者提供更多增值服务。

中国法制出版社

2022年12月

目　录

第一章　总　　则

第二章　调　　解

第三章　仲　　裁

第四章　附　　则

附录一

附录二

附录三

案例索引目录

中华人民共和国劳动争议调解仲裁法

（2007年12月29日第十届全国人民代表大会常务委员会第三十一次会议通过　2007年12月29日中华人民共和国主席令第80号公布　自2008年5月1日起施行）

目　　录

第一章　总　　则

第一条　立法目的①

为了公正及时解决劳动争议，保护当事人合法权益，促进劳动关系和谐稳定，制定本法。

① 条文主旨为编者所加，下同。

● 部门规章及文件

《人力资源社会保障部 中央政法委 最高人民法院 工业和信息化部 司法部 财政部 中华全国总工会 中华全国工商业联合会 中国企业联合会/中国企业家协会关于进一步加强劳动人事争议协商调解工作的意见》（2022 年 10 月 13 日）①

劳动人事争议协商调解是社会矛盾纠纷多元预防调处化解综合机制的重要组成部分。通过协商调解等方式柔性化解劳动人事争议，对于防范化解劳动关系风险、维护劳动者合法权益、构建和谐劳动关系、维护社会稳定具有重要意义。为深入贯彻党的二十大精神，落实党中央、国务院关于“防范化解重大风险”“坚持把非诉讼纠纷解决机制挺在前面”的重要决策部署，进一步强化劳动人事争议源头治理，现就加强劳动人事争议协商调解工作，提出如下意见：

一、总体要求

（一）指导思想。以习近平新时代中国特色社会主义思想为指导，深入贯彻习近平法治思想，坚持系统观念、目标导向和问题导向，着力强化风险防控，加强源头治理，健全多元处理机制，提升协商调解能力，促进中国特色和谐劳动关系高质量发展。

第二条 适用范围

中华人民共和国境内的用人单位与劳动者发生的下列劳动争议，适用本法：

（一）因确认劳动关系发生的争议；

（二）因订立、履行、变更、解除和终止劳动合同发生的争议；

（三）因除名、辞退和辞职、离职发生的争议；

---

① 此处日期为发布日期、修订后发布日期或施行日期之一，全书同。

（四）因工作时间、休息休假、社会保险、福利、培训以及劳动保护发生的争议；

（五）因劳动报酬、工伤医疗费、经济补偿或者赔偿金等发生的争议；

（六）法律、法规规定的其他劳动争议。

法　律

1.《劳动法》（2018 年 12 月 29 日）

第 36 条　国家实行劳动者每日工作时间不超过八小时、平均每周工作时间不超过四十四小时的工时制度。

第 38 条　用人单位应当保证劳动者每周至少休息一日。

第 39 条　企业因生产特点不能实行本法第三十六条、第三十八条规定的，经劳动行政部门批准，可以实行其他工作和休息办法。

第 40 条　用人单位在下列节日期间应当依法安排劳动者休假：

（一）元旦；

（二）春节；

（三）国际劳动节；

（四）国庆节；

（五）法律、法规规定的其他休假节日。

第 41 条　用人单位由于生产经营需要，经与工会和劳动者协商后可以延长工作时间，一般每日不得超过一小时；因特殊原因需要延长工作时间的，在保障劳动者身体健康的条件下延长工作时间每日不得超过三小时，但是每月不得超过三十六小时。

第 42 条　有下列情形之一的，延长工作时间不受本法第四十一条规定的限制：

（一）发生自然灾害、事故或者因其他原因，威胁劳动者生命健康和财产安全，需要紧急处理的；

（二）生产设备、交通运输线路、公共设施发生故障，影响生产和公众利益，必须及时抢修的；

（三）法律、行政法规规定的其他情形。

第 43 条　用人单位不得违反本法规定延长劳动者的工作时间。

第 47 条　用人单位根据本单位的生产经营特点和经济效益，依法自主确定本单位的工资分配方式和工资水平。

第 48 条　国家实行最低工资保障制度。最低工资的具体标准由省、自治区、直辖市人民政府规定，报国务院备案。

用人单位支付劳动者的工资不得低于当地最低工资标准。

第 58 条　国家对女职工和未成年工实行特殊劳动保护。

未成年工是指年满十六周岁未满十八周岁的劳动者。

第 59 条　禁止安排女职工从事矿山井下、国家规定的第四级体力劳动强度的劳动和其他禁忌从事的劳动。

第 60 条　不得安排女职工在经期从事高处、低温、冷水作业和国家规定的第三级体力劳动强度的劳动。

第 61 条　不得安排女职工在怀孕期间从事国家规定的第三级体力劳动强度的劳动和孕期禁忌从事的劳动。对怀孕七个月以上的女职工，不得安排其延长工作时间和夜班劳动。

第 62 条　女职工生育享受不少于九十天的产假。

第 63 条　不得安排女职工在哺乳未满一周岁的婴儿期间从事国家规定的第三级体力劳动强度的劳动和哺乳期禁忌从事的其他劳动，不得安排其延长工作时间和夜班劳动。

第 64 条　不得安排未成年工从事矿山井下、有毒有害、国家规定的第四级体力劳动强度的劳动和其他禁忌从事的劳动。

第 65 条　用人单位应当对未成年工定期进行健康检查。

第 85 条　县级以上各级人民政府劳动行政部门依法对用人

单位遵守劳动法律、法规的情况进行监督检查，对违反劳动法律、法规的行为有权制止，并责令改正。

2.《劳动合同法》（2012 年 12 月 28 日）

第 7 条 用人单位自用工之日起即与劳动者建立劳动关系。用人单位应当建立职工名册备查。

行政法规及文件

3.《事业单位人事管理条例》（2014 年 4 月 25 日）

第 15 条 事业单位工作人员连续旷工超过 15 个工作日，或者 1 年内累计旷工超过 30 个工作日的，事业单位可以解除聘用合同。

4.《劳动合同法实施条例》（2008 年 9 月 18 日）

第 18 条 有下列情形之一的，依照劳动合同法规定的条件、程序，劳动者可以与用人单位解除固定期限劳动合同、无固定期限劳动合同或者以完成一定工作任务为期限的劳动合同：

（一）劳动者与用人单位协商一致的；

（二）劳动者提前 30 日以书面形式通知用人单位的；

（三）劳动者在试用期内提前 3 日通知用人单位的；

（四）用人单位未按照劳动合同约定提供劳动保护或者劳动条件的；

（五）用人单位未及时足额支付劳动报酬的；

（六）用人单位未依法为劳动者缴纳社会保险费的；

（七）用人单位的规章制度违反法律、法规的规定，损害劳动者权益的；

（八）用人单位以欺诈、胁迫的手段或者乘人之危，使劳动者在违背真实意思的情况下订立或者变更劳动合同的；

（九）用人单位在劳动合同中免除自己的法定责任、排除劳动者权利的；

（十）用人单位违反法律、行政法规强制性规定的；

（十一）用人单位以暴力、威胁或者非法限制人身自由的手段强迫劳动者劳动的；

（十二）用人单位违章指挥、强令冒险作业危及劳动者人身安全的；

（十三）法律、行政法规规定劳动者可以解除劳动合同的其他情形。

第 19 条 有下列情形之一的，依照劳动合同法规定的条件、程序，用人单位可以与劳动者解除固定期限劳动合同、无固定期限劳动合同或者以完成一定工作任务为期限的劳动合同：

（一）用人单位与劳动者协商一致的；

（二）劳动者在试用期间被证明不符合录用条件的；

（三）劳动者严重违反用人单位的规章制度的；

（四）劳动者严重失职，营私舞弊，给用人单位造成重大损害的；

（五）劳动者同时与其他用人单位建立劳动关系，对完成本单位的工作任务造成严重影响，或者经用人单位提出，拒不改正的；

（六）劳动者以欺诈、胁迫的手段或者乘人之危，使用人单位在违背真实意思的情况下订立或者变更劳动合同的；

（七）劳动者被依法追究刑事责任的；

（八）劳动者患病或者非因工负伤，在规定的医疗期满后不能从事原工作，也不能从事由用人单位另行安排的工作的；

（九）劳动者不能胜任工作，经过培训或者调整工作岗位，仍不能胜任工作的；

（十）劳动合同订立时所依据的客观情况发生重大变化，致使劳动合同无法履行，经用人单位与劳动者协商，未能就变更劳动合同内容达成协议的；

（十一）用人单位依照企业破产法规定进行重整的；

（十二）用人单位生产经营发生严重困难的；

（十三）企业转产、重大技术革新或者经营方式调整，经变更劳动合同后，仍需裁减人员的；

（十四）其他因劳动合同订立时所依据的客观经济情况发生重大变化，致使劳动合同无法履行的。

5. **《职工带薪年休假条例》**（2007 年 12 月 14 日）

第 3 条　职工累计工作已满 1 年不满 10 年的，年休假 5 天；已满 10 年不满 20 年的，年休假 10 天；已满 20 年的，年休假 15 天。

国家法定休假日、休息日不计入年休假的假期。

第 4 条　职工有下列情形之一的，不享受当年的年休假：

（一）职工依法享受寒暑假，其休假天数多于年休假天数的；

（二）职工请事假累计 20 天以上且单位按照规定不扣工资的；

（三）累计工作满 1 年不满 10 年的职工，请病假累计 2 个月以上的；

（四）累计工作满 10 年不满 20 年的职工，请病假累计 3 个月以上的；

（五）累计工作满 20 年以上的职工，请病假累计 4 个月以上的。

● 部门规章及文件

6. **《关于确立劳动关系有关事项的通知》**（2005 年 5 月 25 日）

各省、自治区、直辖市劳动和社会保障厅（局）：

近一个时期，一些地方反映部分用人单位招用劳动者不签订劳动合同，发生劳动争议时因双方劳动关系难以确定，致使劳动者合法权益难以维护，对劳动关系的和谐稳定带来不利影响。为规范用人单位用工行为，保护劳动者合法权益，促进社会稳定，现就用人单位与劳动者确立劳动关系的有关事项通知如下：

一、用人单位招用劳动者未订立书面劳动合同，但同时具备下列情形的，劳动关系成立。

（一）用人单位和劳动者符合法律、法规规定的主体资格；

（二）用人单位依法制定的各项劳动规章制度适用于劳动者，劳动者受用人单位的劳动管理，从事用人单位安排的有报酬的劳动；

（三）劳动者提供的劳动是用人单位业务的组成部分。

二、用人单位未与劳动者签订劳动合同，认定双方存在劳动关系时可参照下列凭证：

（一）工资支付凭证或记录（职工工资发放花名册）、缴纳各项社会保险费的记录；

（二）用人单位向劳动者发放的"工作证"、"服务证"等能够证明身份的证件；

（三）劳动者填写的用人单位招工招聘"登记表"、"报名表"等招用记录；

（四）考勤记录；

（五）其他劳动者的证言等。

其中，（一）、（三）、（四）项的有关凭证由用人单位负举证责任。

三、用人单位招用劳动者符合第一条规定的情形的，用人单位应当与劳动者补签劳动合同，劳动合同期限由双方协商确定。协商不一致的，任何一方均可提出终止劳动关系，但对符合签订无固定期限劳动合同条件的劳动者，如果劳动者提出订立无固定期限劳动合同，用人单位应当订立。

用人单位提出终止劳动关系的，应当按照劳动者在本单位工作年限每满一年支付一个月工资的经济补偿金。

四、建筑施工、矿山企业等用人单位将工程（业务）或经营权发包给不具备用工主体资格的组织或自然人，对该组织或自然人招用的劳动者，由具备用工主体资格的发包方承担用工主体责任。

五、劳动者与用人单位就是否存在劳动关系引发争议的，可以向有管辖权的劳动争议仲裁委员会申请仲裁。

● 司法解释及文件

7.《最高人民法院关于审理劳动争议案件适用法律问题的解释（一）》（2020 年 12 月 29 日）

第 1 条　劳动者与用人单位之间发生的下列纠纷，属于劳动争议，当事人不服劳动争议仲裁机构作出的裁决，依法提起诉讼的，人民法院应予受理：

（一）劳动者与用人单位在履行劳动合同过程中发生的纠纷；

（二）劳动者与用人单位之间没有订立书面劳动合同，但已形成劳动关系后发生的纠纷；

（三）劳动者与用人单位因劳动关系是否已经解除或者终止，以及应否支付解除或者终止劳动关系经济补偿金发生的纠纷；

（四）劳动者与用人单位解除或者终止劳动关系后，请求用人单位返还其收取的劳动合同定金、保证金、抵押金、抵押物发生的纠纷，或者办理劳动者的人事档案、社会保险关系等移转手续发生的纠纷；

（五）劳动者以用人单位未为其办理社会保险手续，且社会保险经办机构不能补办导致其无法享受社会保险待遇为由，要求用人单位赔偿损失发生的纠纷；

（六）劳动者退休后，与尚未参加社会保险统筹的原用人单位因追索养老金、医疗费、工伤保险待遇和其他社会保险待遇而发生的纠纷；

（七）劳动者因为工伤、职业病，请求用人单位依法给予工伤保险待遇发生的纠纷；

（八）劳动者依据劳动合同法第八十五条规定，要求用人单位支付加付赔偿金发生的纠纷；

（九）因企业自主进行改制发生的纠纷。

第2条 下列纠纷不属于劳动争议：

（一）劳动者请求社会保险经办机构发放社会保险金的纠纷；

（二）劳动者与用人单位因住房制度改革产生的公有住房转让纠纷；

（三）劳动者对劳动能力鉴定委员会的伤残等级鉴定结论或者对职业病诊断鉴定委员会的职业病诊断鉴定结论的异议纠纷；

（四）家庭或者个人与家政服务人员之间的纠纷；

（五）个体工匠与帮工、学徒之间的纠纷；

（六）农村承包经营户与受雇人之间的纠纷。

● 案例指引

劳动者拒绝违法超时加班安排，用人单位能否解除劳动合同（人力资源社会保障部、最高人民法院关于联合发布第二批劳动人事争议典型案例）①

典型意义：《中华人民共和国劳动法》第四条规定："用人单位应当依法建立和完善规章制度，保障劳动者享有劳动权利和履行劳动义务。"法律在支持用人单位依法行使管理职权的同时，也明确其必须履行保障劳动者权利的义务。用人单位的规章制度以及相应工作安排必须符合法律、行政法规的规定，否则既要承担违法后果，也不利于构建和谐稳定的劳动关系、促进自身健康发展。

---

① 载中华人民共和国人力资源和社会保障部网站，http：//www.mohrss.gov.cn/SYrlzyhshbzb/laodongguanxi_/zcwj/diaojiezhongcai/202108/t20210825_421600.html，最后访问时间：2022年11月30日。

第三条 基本原则

解决劳动争议，应当根据事实，遵循合法、公正、及时、着重调解的原则，依法保护当事人的合法权益。

● 部门规章及文件

《人力资源社会保障部 中央政法委 最高人民法院 工业和信息化部 司法部 财政部 中华全国总工会 中华全国工商业联合会 中国企业联合会/中国企业家协会关于进一步加强劳动人事争议协商调解工作的意见》（2022 年 10 月 13 日）

一、总体要求

（二）基本原则

1. 坚持人民至上，把为民服务理念贯穿协商调解工作全过程，拓展服务领域，优化服务方式，提升服务能力，打造协商调解服务优质品牌。

2. 坚持源头治理，充分发挥协商调解的前端性、基础性作用，做到关口前移、重心下沉，最大限度地把劳动人事争议解决在基层和萌芽状态。

3. 坚持创新发展，尊重基层首创精神，积极探索新理念、新机制、新举措，促进各类调解联动融合，推动社会协同共治，形成体现中国特色、符合劳动人事争议多元处理规律、满足时代需求的协商调解工作格局。

4. 坚持灵活高效，充分发挥协商调解柔性高效、灵活便捷的优势，运用法治思维和法治方式，推动案结事了人和，促进劳动关系和谐与社会稳定。

案例指引

1. 劳动者超时加班发生工伤，用工单位、劳务派遣单位是否承担连带赔偿责任（人力资源社会保障部、最高人民法院关于联合发布第二批劳动人事争议典型案例）①

典型意义：面对激烈的市场竞争环境，个别用人单位为降低用工成本、追求利润最大化，长期安排劳动者超时加班，对劳动者的身心健康、家庭和睦、参与社会生活等造成了严重影响，极端情况下会威胁劳动者的生命安全。本案系劳动者超时加班发生工伤而引发的工伤保险待遇纠纷，是超时劳动严重损害劳动者健康权的缩影。本案裁判明确了此种情况下用工单位、劳务派遣单位承担连带赔偿责任，可以有效避免劳务派遣用工中出现责任真空的现象，实现对劳动者合法权益的充分保障。同时，用人单位应依法为职工参加工伤保险，保障职工的工伤权益，也能分散自身风险。如用人单位未为职工参加工伤保险，工伤职工工伤保险待遇全部由用人单位支付。

2. 用人单位以规章制度形式否认劳动者加班事实是否有效（人力资源社会保障部、最高人民法院关于联合发布第二批劳动人事争议典型案例）②

典型意义：劳动争议案件的处理，既要保护劳动者的合法权益，亦应促进企业有序发展。合法的规章制度既能规范用人单位用工自主权的行使，又能保障劳动者参与用人单位民主管理，实现构建和谐劳动关系的目的。不合理的规章制度则会导致用人单位的社会声誉差、认同感低，最终引发人才流失，不利于用人单位的长远发展。用人单位制定的合理合法的规章制度，可以作为确定用人单位、劳

---

① 载中华人民共和国人力资源和社会保障部网站，http：//www.mohrss.gov.cn/SYrlzyhshbzb/laodongguanxi_/zcwj/diaojiezhongcai/202108/t20210825_421600.html，最后访问时间：2022年11月30日。

② 载中华人民共和国人力资源和社会保障部网站，http：//www.mohrss.gov.cn/SYrlzyhshbzb/laodongguanxi_/zcwj/diaojiezhongcai/202108/t20210825_421600.html，最后访问时间：2022年11月30日。

动者权利义务的依据。一旦用人单位以规章制度形式规避应当承担的用工成本，侵害劳动者的合法权益，仲裁委员会、人民法院应当依法予以审查，充分保护劳动者的合法权益。用人单位应当根据单位实际，制定更为人性化的规章制度，增强劳动者对规章制度的认同感，激发劳动者的工作积极性，从而进一步减少劳动纠纷，为构建和谐劳动关系做出贡献。

3. **劳动者在离职文件上签字确认加班费已结清，是否有权请求支付欠付的加班费**（人力资源社会保障部、最高人民法院关于联合发布第二批劳动人事争议典型案例）①

典型意义：实践中，有的用人单位在终止或解除劳动合同时，会与劳动者就加班费、经济补偿或赔偿金等达成协议。部分用人单位利用其在后续工资发放、离职证明开具、档案和社会保险关系转移等方面的优势地位，借机变相迫使劳动者在用人单位提供的格式文本上签字，放弃包括加班费在内的权利，或者在未足额支付加班费的情况下让劳动者签字确认加班费已经付清的事实。劳动者往往事后反悔，提起劳动争议仲裁与诉讼。本案中，人民法院最终依法支持劳动者关于加班费的诉讼请求，既维护了劳动者合法权益，对用人单位日后诚信协商、依法保护劳动者劳动报酬权亦有良好引导作用，有助于构建和谐稳定的劳动关系。劳动者在签署相关协议时，亦应熟悉相关条款含义，审慎签订协议，通过合法途径维护自身权益。

第四条 协商

发生劳动争议，劳动者可以与用人单位协商，也可以请工会或者第三方共同与用人单位协商，达成和解协议。

---

① 载中华人民共和国人力资源和社会保障部网站，http：//www.mohrss.gov.cn/SYrlzyhshbzb/laodongguanxi_/zcwj/diaojiezhongcai/202108/t20210825_421600.html，最后访问时间：2022年11月30日。

● 部门规章及文件

《人力资源社会保障部 中央政法委 最高人民法院 工业和信息化部 司法部 财政部 中华全国总工会 中华全国工商业联合会 中国企业联合会/中国企业家协会关于进一步加强劳动人事争议协商调解工作的意见》（2022年10月13日）

二、加强源头治理

（四）强化劳动人事争议预防指导。充分发挥用人单位基层党组织在劳动关系治理、协商调解工作中的重要作用，以党建引领劳动关系和谐发展。完善民主管理制度，保障劳动者对用人单位重大决策和重大事项的知情权、参与权、表达权、监督权。推行典型案例发布、工会劳动法律监督提示函和意见书、调解建议书、仲裁建议书、司法建议书、信用承诺书等制度，引导用人单位依法合规用工、劳动者依法理性表达诉求。发挥中小企业服务机构作用，通过培训、咨询等服务，推动中小企业完善劳动管理制度、加强劳动人事争议预防，具备相应资质的服务机构可开展劳动关系事务托管服务。把用人单位建立劳动人事争议调解组织、开展协商调解工作情况作为和谐劳动关系创建等评选表彰示范创建的重要考虑因素。发挥律师、法律顾问职能作用，推进依法治企，强化劳动用工领域合规管理，减少劳动人事争议。

● 案例指引

用人单位未与劳动者协商一致增加工作任务，劳动者是否有权拒绝（人力资源社会保障部、最高人民法院关于联合发布第二批劳动人事争议典型案例）①

典型意义： 允许用人单位与劳动者协商一致变更劳动合同，有

---

① 载中华人民共和国人力资源和社会保障部网站，http：//www.mohrss.gov.cn/SYrlzyhshbzb/laodongguanxi_/zcwj/diaojiezhongcai/202108/t20210825_421600.html，最后访问时间：2022年11月30日。

利于保障用人单位根据生产经营需要合理调整用工安排的权利。但要注意的是，变更劳动合同要遵循合法、公平、平等自愿、协商一致、诚实信用的原则。工作量、工作时间的变更直接影响劳动者休息权的实现，用人单位对此进行大幅调整，应与劳动者充分协商，而不应采取强迫或者变相强迫的方式，更不得违反相关法律规定。

第五条 调解、仲裁、诉讼

发生劳动争议，当事人不愿协商、协商不成或者达成和解协议后不履行的，可以向调解组织申请调解；不愿调解、调解不成或者达成调解协议后不履行的，可以向劳动争议仲裁委员会申请仲裁；对仲裁裁决不服的，除本法另有规定的外，可以向人民法院提起诉讼。

● 法 律

1. **《劳动争议调解仲裁法》**（2007 年 12 月 29 日）

第 47 条 下列劳动争议，除本法另有规定的外，仲裁裁决为终局裁决，裁决书自作出之日起发生法律效力：

（一）追索劳动报酬、工伤医疗费、经济补偿或者赔偿金，不超过当地月最低工资标准十二个月金额的争议；

（二）因执行国家的劳动标准在工作时间、休息休假、社会保险等方面发生的争议。

第 48 条 劳动者对本法第四十七条规定的仲裁裁决不服的，可以自收到仲裁裁决书之日起十五日内向人民法院提起诉讼。

第 49 条 用人单位有证据证明本法第四十七条规定的仲裁裁决有下列情形之一，可以自收到仲裁裁决书之日起三十日内向劳动争议仲裁委员会所在地的中级人民法院申请撤销裁决：

（一）适用法律、法规确有错误的；

（二）劳动争议仲裁委员会无管辖权的；

（三）违反法定程序的；

（四）裁决所根据的证据是伪造的；

（五）对方当事人隐瞒了足以影响公正裁决的证据的；

（六）仲裁员在仲裁该案时有索贿受贿、徇私舞弊、枉法裁决行为的。

人民法院经组成合议庭审查核实裁决有前款规定情形之一的，应当裁定撤销。

仲裁裁决被人民法院裁定撤销的，当事人可以自收到裁定书之日起十五日内就该劳动争议事项向人民法院提起诉讼。

第 50 条 当事人对本法第四十七条规定以外的其他劳动争议案件的仲裁裁决不服的，可以自收到仲裁裁决书之日起十五日内向人民法院提起诉讼；期满不起诉的，裁决书发生法律效力。

● 司法解释及文件

2.《最高人民法院关于审理劳动争议案件适用法律问题的解释（一）》（2020 年 12 月 29 日）

第 4 条 劳动者与用人单位均不服劳动争议仲裁机构的同一裁决，向同一人民法院起诉的，人民法院应当并案审理，双方当事人互为原告和被告，对双方的诉讼请求，人民法院应当一并作出裁决。在诉讼过程中，一方当事人撤诉的，人民法院应当根据另一方当事人的诉讼请求继续审理。双方当事人就同一仲裁裁决分别向有管辖权的人民法院起诉的，后受理的人民法院应当将案件移送给先受理的人民法院。

第六条 举证责任

发生劳动争议，当事人对自己提出的主张，有责任提供证据。与争议事项有关的证据属于用人单位掌握管理的，用人单位应当提供；用人单位不提供的，应当承担不利后果。

司法解释及文件

《最高人民法院关于审理劳动争议案件适用法律问题的解释（一）》（2020年12月29日）

第42条　劳动者主张加班费的，应当就加班事实的存在承担举证责任。但劳动者有证据证明用人单位掌握加班事实存在的证据，用人单位不提供的，由用人单位承担不利后果。

案例指引

1. **用人单位未按规章制度履行加班审批手续，能否认定劳动者加班事实**（人力资源社会保障部、最高人民法院关于联合发布第二批劳动人事争议典型案例）①

典型意义：劳动规章制度对用人单位和劳动者都具有约束力。一方面，用人单位应严格按照规章制度的规定实施管理行为，不得滥用优势地位，侵害劳动者合法权益；另一方面，劳动者在合法权益受到侵害时，要注意保留相关证据，为维权提供依据。仲裁委员会、人民法院应准确把握加班事实认定标准，纠正用人单位规避法定责任、侵害劳动者合法权益的行为。

2. **处理加班费争议，如何分配举证责任**（人力资源社会保障部、最高人民法院关于联合发布第二批劳动人事争议典型案例）②

典型意义：我国劳动法律将保护劳动者的合法权益作为立法宗旨之一，在实体和程序方面都作出了相应规定。在加班费争议处理中，要充分考虑劳动者举证能力不足的实际情况，根据“谁主张谁举证”原则、证明妨碍规则，结合具体案情合理分配用人单位与劳

---

① 载中华人民共和国人力资源和社会保障部网站，http：//www.mohrss.gov.cn/SYrlzyhshbzb/laodongguanxi_/zcwj/diaojiezhongcai/202108/t20210825_421600.html，最后访问时间：2022年11月30日。

② 载中华人民共和国人力资源和社会保障部网站，http：//www.mohrss.gov.cn/SYrlzyhshbzb/laodongguanxi_/zcwj/diaojiezhongcai/202108/t20210825_421600.html，最后访问时间：2022年11月30日。

动者的举证责任。

3. **刘某某拒不支付劳动报酬抗诉案**（最高人民检察院发布的检察机关依法惩治拒不支付劳动报酬犯罪典型案例）①

典型意义：1. 依法抗诉，保障劳动者合法权益。该案中检察机关既通过依法指控，严厉打击“恶意欠薪”行为，又果断行使抗诉权发挥法律监督职能，切实践行了对拒不支付劳动报酬违法犯罪行为“零容忍”的检察承诺，为劳动者合法权益构筑起了刑事检察保护屏障。2. 依法主动履职，实现“三个效果”相统一。检察机关一方面采取自行补充侦查和协调公安机关配合的方式补充侦查、完善证据，提高办案效率，确保办案效果。另一方面采取申请证人出席二审庭审作证、开展交叉询问、出示新证据、加强释法说理等方式，充分履行指控犯罪和法律监督职责，实现了办案“三个效果”的有机统一。

4. **安某民等80人与某环境公司确认劳动关系纠纷支持起诉案**（检例第125号）②

指导意义：（一）劳动者提出补办社保登记、补缴社会保险费未果的，检察机关可以支持其起诉确认劳动关系，为其补办社保登记、补缴社会保险费提供帮助。国家建立基本养老保险、基本医疗保险等社会保险制度，保障劳动者在年老、患病、工伤、失业等情况下依法从国家和社会获得物质帮助的权利。用人单位应当依法为劳动者办理社会保险。实践中，部分用人单位未办理社保登记、未足额缴纳社会保险费，侵害了劳动者合法权益，使得劳动者难以实现老有所养、老有所医。检察机关履职中发现用人单位未依规为职工办

---

① 最高人民检察院发布的检察机关依法惩治拒不支付劳动报酬犯罪典型案例，载最高人民检察院 https://www.spp.gov.cn/xwfbh/dxal/202201/t20220106_540955.shtml，最后访问日期：2022年11月26日。

② 最高人民检察院发布的第三十一批指导性案例，载最高人民检察院网站，https://www.spp.gov.cn/jczdal/202112/t20211223_539547.shtml，最后访问日期：2022年11月26日。

理社会保险登记、未足额缴纳社会保险费的，应当先行协调政府责任部门履职尽责。经相关责任部门处理后仍未实现最低维权目标的，依照现行法律规定，劳动者诉请用人单位补办社保登记、补缴社会保险费存在客观障碍的，检察机关可依劳动者申请支持起诉确认劳动关系。人民法院确认劳动关系的生效裁判，可以作为办理社保登记、补缴社会保险费的依据。（二）协助劳动者收集证据，为其起诉维权提供帮助。依照民事诉讼法相关规定，人民法院立案后发现不符合起诉条件的，裁定驳回原告的起诉。据此，因无法独立、充分地围绕法定起诉条件收集证据，劳动者在诉讼中可能丧失司法救济的机会。检察机关在诉讼中可依申请围绕法定起诉条件协助劳动者补充相关证据。一是协助收集被告身份的完整信息，比如用人单位变更材料、改制文件等。二是协助收集与具体诉讼请求和事实相关的起诉必备证据。比如，完整的工资支付凭证或者记录、工作证、招工招聘登记表、考勤表等。检察机关支持起诉的目的是保障劳动者实现诉权平等，而非代替劳动者行使诉权，检察机关不能独立启动诉讼程序。对于具有重大社会意义或者法律意义的案件，经商人民法院，检察机关可以出庭宣读支持起诉意见书。

第七条 推举代表参加调解、仲裁或诉讼

发生劳动争议的劳动者一方在十人以上，并有共同请求的，可以推举代表参加调解、仲裁或者诉讼活动。

● 法　律

1.《民事诉讼法》（2021 年 12 月 24 日）

第 56 条　当事人一方人数众多的共同诉讼，可以由当事人推选代表人进行诉讼。代表人的诉讼行为对其所代表的当事人发生效力，但代表人变更、放弃诉讼请求或者承认对方当事人的诉讼请求，进行和解，必须经被代表的当事人同意。

第 57 条　诉讼标的是同一种类、当事人一方人数众多在起

诉时人数尚未确定的，人民法院可以发出公告，说明案件情况和诉讼请求，通知权利人在一定期间向人民法院登记。

向人民法院登记的权利人可以推选代表人进行诉讼；推选不出代表人的，人民法院可以与参加登记的权利人商定代表人。

代表人的诉讼行为对其所代表的当事人发生效力，但代表人变更、放弃诉讼请求或者承认对方当事人的诉讼请求，进行和解，必须经被代表的当事人同意。

人民法院作出的判决、裁定，对参加登记的全体权利人发生效力。未参加登记的权利人在诉讼时效期间提起诉讼的，适用该判决、裁定。

司法解释及文件

2.《最高人民法院关于适用〈中华人民共和国民事诉讼法〉的解释》（2022 年 4 月 1 日）

第 75 条 民事诉讼法第五十六条、第五十七条和第二百零六条规定的人数众多，一般指十人以上。

第 76 条 依照民事诉讼法第五十六条规定，当事人一方人数众多在起诉时确定的，可以由全体当事人推选共同的代表人，也可以由部分当事人推选自己的代表人；推选不出代表人的当事人，在必要的共同诉讼中可以自己参加诉讼，在普通的共同诉讼中可以另行起诉。

第 77 条 根据民事诉讼法第五十七条规定，当事人一方人数众多在起诉时不确定的，由当事人推选代表人。当事人推选不出的，可以由人民法院提出人选与当事人协商；协商不成的，也可以由人民法院在起诉的当事人中指定代表人。

第 78 条 民事诉讼法第五十六条和第五十七条规定的代表人为二至五人，每位代表人可以委托一至二人作为诉讼代理人。

第 79 条 依照民事诉讼法第五十七条规定受理的案件，人民法院可以发出公告，通知权利人向人民法院登记。公告期间根据案件的具体情况确定，但不得少于三十日。

第 80 条 根据民事诉讼法第五十七条规定向人民法院登记的权利人，应当证明其与对方当事人的法律关系和所受到的损害。证明不了的，不予登记，权利人可以另行起诉。人民法院的裁判在登记的范围内执行。未参加登记的权利人提起诉讼，人民法院认定其请求成立的，裁定适用人民法院已作出的判决、裁定。

第八条 三方机制

县级以上人民政府劳动行政部门会同工会和企业方面代表建立协调劳动关系三方机制，共同研究解决劳动争议的重大问题。

● 部门规章及文件

《人力资源社会保障部 中央政法委 最高人民法院 工业和信息化部 司法部 财政部 中华全国总工会 中华全国工商业联合会 中国企业联合会/中国企业家协会关于进一步加强劳动人事争议协商调解工作的意见》（2022 年 10 月 13 日）

二、加强源头治理

（四）强化劳动人事争议预防指导。充分发挥用人单位基层党组织在劳动关系治理、协商调解工作中的重要作用，以党建引领劳动关系和谐发展。完善民主管理制度，保障劳动者对用人单位重大决策和重大事项的知情权、参与权、表达权、监督权。推行典型案例发布、工会劳动法律监督提示函和意见书、调解建议书、仲裁建议书、司法建议书、信用承诺书等制度，引导用人单位依法合规用工、劳动者依法理性表达诉求。发挥中小企业服务机构作用，通过培训、咨询等服务，推动中小企业完善劳动管理制度、加强劳动人事争议预防，具备相应资质的服务机构可开展劳动关系事务托管服务。把用人单位建立劳动人事争议调解组织、开展协商调解工作情况作为和谐劳动关系创建等评选表彰示范创建的重要考虑因素。发挥律师、法律顾问职能作用，推进依法治企，强化劳动用工领域合规管理，减少劳动人事争议。

（五）健全劳动人事争议风险监测预警机制。建立健全劳动人事争议风险监测机制，通过税费缴纳、社保欠费、案件受理、投诉举报、信访处理、社会舆情等反映劳动关系运行的重要指标变化情况，准确研判劳动人事争议态势。完善重大劳动人事争议风险预警机制，聚焦重要时间节点，突出农民工和劳务派遣、新就业形态劳动者等重点群体，围绕确认劳动关系、追索劳动报酬、工作时间、解除和终止劳动合同等主要劳动人事争议类型，强化监测预警，建立风险台账，制定应对预案。

（六）加强劳动人事争议隐患排查化解工作。建立重点区域、重点行业、重点企业联系点制度，以工业园区和互联网、建筑施工、劳动密集型加工制造行业以及受客观经济情况发生重大变化、突发事件等影响导致生产经营困难的企业为重点，全面开展排查，及时发现苗头性、倾向性问题，妥善化解因欠薪、不规范用工等引发的风险隐患。加强劳动人事争议隐患协同治理，完善调解仲裁机构与劳动关系、劳动保障监察机构以及工会劳动法律监督组织信息共享、协调联动，共同加强劳动用工指导，履行好“抓前端、治未病”的预防功能。

三、强化协商和解

（七）指导建立内部劳动人事争议协商机制。培育用人单位和劳动者的劳动人事争议协商意识，推动用人单位以设立负责人接待日、召开劳资恳谈会、开通热线电话或者电子邮箱、设立意见箱、组建网络通讯群组等方式，建立健全沟通对话机制，畅通劳动者诉求表达渠道。指导用人单位完善内部申诉、协商回应制度，优化劳动人事争议协商流程，认真研究制定解决方案，及时回应劳动者协商诉求。

（八）协助开展劳动人事争议协商。工会组织统筹劳动法律监督委员会和集体协商指导员、法律援助志愿者队伍等资源力量，推动健全劳动者申诉渠道和争议协商平台，帮助劳动者与用人单位开展劳动人事争议协商，做好咨询解答、释法说理、劝解疏导、促成和解等工作。各级地方工会可设立劳动人事争议协商室，做好劳动人事争议协商工作。企业代表组织指导企业加强协商能力建设，完善企业内部劳动争议协商程序。鼓励、支持社会力量开展劳动人事争议协商咨询、代理服务工作。

（九）强化和解协议履行和效力。劳动者与用人单位就劳动人事争议协商达成一致的，工会组织要主动引导签订和解协议，并推动和解协议履行。劳动者或者用人单位未按期履行和解协议的，工会组织要主动做好引导申请调解等工作。经劳动人事争议仲裁委员会审查，和解协议程序和内容合法有效的，可在仲裁办案中作为证据使用；但劳动者或者用人单位为达成和解目的作出的妥协认可的事实，不得在后续的仲裁、诉讼中作为对其不利的根据，但法律另有规定或者劳动者、用人单位均同意的除外。

四、做实多元调解

（十）推进基层劳动人事争议调解组织建设。人力资源社会保障部门会同司法行政、工会、企业代表组织和企事业单位、社会团体，推动用人单位加大调解组织建设力度。推动大中型企业普遍建立劳动争议调解委员会，建立健全以乡镇（街道）、工会、行业商（协）会、区域性等调解组织为支撑、调解员（信息员）为落点的小微型企业劳动争议协商调解机制。推动事业单位、社会团体加强调解组织建设，规范劳动人事管理和用工行为。

（十一）建设市、县级劳动人事争议仲裁院调解中心和工会法律服务工作站。推动在有条件的市、县级劳动人事争议仲裁院（以下简称仲裁院）内设劳动人事争议调解中心（以下简称调解中心），通过配备工作人员或者购买服务等方式提供劳动人事争议调解服务。调解中心负责办理仲裁院、人民法院委派委托调解的案件，协助人力资源社会保障部门指导辖区内的乡镇（街道）、工会、行业商（协）会、区域性等调解组织做好工作。探索推进工会组织在劳动人事争议案件较多、劳动者诉求反映集中的仲裁院、人民法院设立工会法律服务工作站，具备条件的地方工会可安排专人入驻开展争议协商、调解和法律服务工作，建立常态化调解与仲裁、诉讼对接机制。

（十二）加强调解工作规范化建设。人力资源社会保障部门会同司法行政、工会、企业代表组织等部门，落实调解组织和调解员名册制度，指导各类劳动人事争议调解组织建立健全调解受理登记、调解办理、告知引导、回访反馈、档案管理、统计报告等制度，提升调解工作规范化水平。加大督促调解协议履行力度，加强对当事人履约能力评估，达成调解协议后向当事人发放履行告知书。总结、推广调解组织在实践中形成的成熟经验和特色做法，发挥典型引领作用。

（十三）发挥各类调解组织特色优势。企业劳动争议调解委员会发挥熟悉内部运营规则和劳动者情况的优势，引导当事人优先通过调解方式解决劳动争议。人民调解组织发挥扎根基层、贴近群众、熟悉社情民意的优势，加大劳动人事争议调处工作力度。乡镇（街道）劳动人事争议调解组织发挥专业性优势，积极推进标准化、规范化、智能化建设，帮助辖区内用人单位做好劳动人事争议预防化解工作。行业性、区域性劳动人事争议调解组织发挥具有行业影响力、区域带动力的优势，帮助企业培养调解人员、开展调解工作。商（协）会调解组织发挥贴近企业的优势，积极化解劳动争议、协同社会治理。人力资源社会保障部门、司法行政部门、工会、企业代表组织引导和规范有意向的社会组织及律师、专家学者等社会力量，积极有序参与调解工作，进一步增加调解服务供给。

五、健全联动工作体系

（十四）健全劳动人事争议调解与人民调解、行政调解、司法调解联动工作体系。人力资源社会保障部门在党委政法委的统筹协调下，加强与司法行政、法院、工会、企业代表组织等部门的工作沟通，形成矛盾联调、力量联动、信息联通的工作格局，建立健全重大劳动人事争议应急联合调处机制。有条件的地区，可建立“一窗式”劳动人事争议受理和流转办理机制，通过联通各类网上调解平台、设立实体化联调中心等方式，强化各类调解资源整合。可根据实际情况建立调解员、专家库共享机制，灵活调配人员，提高案件办理专业性。

（十五）参与社会矛盾纠纷调处中心建设。各相关部门主动融入地方党委、政府主导的社会矛盾纠纷多元预防调处化解综合机制，发挥职能优势，向社会矛盾纠纷调处中心派驻调解仲裁工作人员，办理劳动人事争议案件、参与联动化解、提供业务支持，做好人员、经费、场所、设备等保障工作。

（十六）强化调解与仲裁、诉讼衔接。完善调解与仲裁的衔接，建立仲裁员分片联系调解组织制度。双方当事人经调解达成一致的，调解组织引导双方提起仲裁审查申请或者司法确认申请，及时巩固调解成果。仲裁机构通过建议调解、委托调解等方式，积极引导未经调解的当事人到调解组织先行调解。加强调解与诉讼的衔接，对追索劳动报酬、经济补偿等适宜调解的纠纷，先行通过诉前调解等非诉讼方式解决。推进劳动人事争议“总对总”在线诉调对接，开展全流程在线委派委托调解、音视频调解、申请调解协议司法确认等工作。建立省级劳动人事争议调解专家库，并将符合条件的调解组织和人员纳入特邀调解名册，参与调解化解重大疑难复杂劳动人事争议。依法落实支付令制度。

第九条 拖欠劳动报酬等争议的行政救济

用人单位违反国家规定，拖欠或者未足额支付劳动报酬，或者拖欠工伤医疗费、经济补偿或者赔偿金的，劳动者可以向劳动行政部门投诉，劳动行政部门应当依法处理。

● 法 律

1. **《劳动合同法》**（2012 年 12 月 28 日）

第 73 条 国务院劳动行政部门负责全国劳动合同制度实施的监督管理。

县级以上地方人民政府劳动行政部门负责本行政区域内劳动合同制度实施的监督管理。

县级以上各级人民政府劳动行政部门在劳动合同制度实施的监督管理工作中，应当听取工会、企业方面代表以及有关行业主管部门的意见。

第 74 条 县级以上地方人民政府劳动行政部门依法对下列实施劳动合同制度的情况进行监督检查：

（一）用人单位制定直接涉及劳动者切身利益的规章制度及其执行的情况；

（二）用人单位与劳动者订立和解除劳动合同的情况；

（三）劳务派遣单位和用工单位遵守劳务派遣有关规定的情况；

（四）用人单位遵守国家关于劳动者工作时间和休息休假规定的情况；

（五）用人单位支付劳动合同约定的劳动报酬和执行最低工资标准的情况；

（六）用人单位参加各项社会保险和缴纳社会保险费的情况；

（七）法律、法规规定的其他劳动监察事项。

第一章

行政法规及文件

2.《保障农民工工资支付条例》(2019年12月30日)

第38条　县级以上地方人民政府应当建立农民工工资支付监控预警平台，实现人力资源社会保障、发展改革、司法行政、财政、住房城乡建设、交通运输、水利等部门的工程项目审批、资金落实、施工许可、劳动用工、工资支付等信息及时共享。

人力资源社会保障行政部门根据水电燃气供应、物业管理、信贷、税收等反映企业生产经营相关指标的变化情况，及时监控和预警工资支付隐患并做好防范工作，市场监管、金融监管、税务等部门应当予以配合。

第39条　人力资源社会保障行政部门、相关行业工程建设主管部门和其他有关部门应当按照职责，加强对用人单位与农民工签订劳动合同、工资支付以及工程建设项目实行农民工实名制管理、农民工工资专用账户管理、施工总承包单位代发工资、工资保证金存储、维权信息公示等情况的监督检查，预防和减少拖欠农民工工资行为的发生。

第40条　人力资源社会保障行政部门在查处拖欠农民工工资案件时，需要依法查询相关单位金融账户和相关当事人拥有房产、车辆等情况的，应当经设区的市级以上地方人民政府人力资源社会保障行政部门负责人批准，有关金融机构和登记部门应当予以配合。

第41条　人力资源社会保障行政部门在查处拖欠农民工工资案件时，发生用人单位拒不配合调查、清偿责任主体及相关当事人无法联系等情形的，可以请求公安机关和其他有关部门协助处理。

人力资源社会保障行政部门发现拖欠农民工工资的违法行为涉嫌构成拒不支付劳动报酬罪的，应当按照有关规定及时移送公安机关审查并作出决定。

第42条　人力资源社会保障行政部门作出责令支付被拖欠

的农民工工资的决定，相关单位不支付的，可以依法申请人民法院强制执行。

第 43 条 相关行业工程建设主管部门应当依法规范本领域建设市场秩序，对违法发包、转包、违法分包、挂靠等行为进行查处，并对导致拖欠农民工工资的违法行为及时予以制止、纠正。

第 44 条 财政部门、审计机关和相关行业工程建设主管部门按照职责，依法对政府投资项目建设单位按照工程施工合同约定向农民工工资专用账户拨付资金情况进行监督。

第 45 条 司法行政部门和法律援助机构应当将农民工列为法律援助的重点对象，并依法为请求支付工资的农民工提供便捷的法律援助。

公共法律服务相关机构应当积极参与相关诉讼、咨询、调解等活动，帮助解决拖欠农民工工资问题。

第 46 条 人力资源社会保障行政部门、相关行业工程建设主管部门和其他有关部门应当按照“谁执法谁普法”普法责任制的要求，通过以案释法等多种形式，加大对保障农民工工资支付相关法律法规的普及宣传。

第 47 条 人力资源社会保障行政部门应当建立用人单位及相关责任人劳动保障守法诚信档案，对用人单位开展守法诚信等级评价。

用人单位有严重拖欠农民工工资违法行为的，由人力资源社会保障行政部门向社会公布，必要时可以通过召开新闻发布会等形式向媒体公开曝光。

第 48 条 用人单位拖欠农民工工资，情节严重或者造成严重不良社会影响的，有关部门应当将该用人单位及其法定代表人或者主要负责人、直接负责的主管人员和其他直接责任人员列入拖欠农民工工资失信联合惩戒对象名单，在政府资金支持、政府采购、招投标、融资贷款、市场准入、税收优惠、评优评先、交通出行等方面依法依规予以限制。

拖欠农民工工资需要列入失信联合惩戒名单的具体情形，由国务院人力资源社会保障行政部门规定。

第49条　建设单位未依法提供工程款支付担保或者政府投资项目拖欠工程款，导致拖欠农民工工资的，县级以上地方人民政府应当限制其新建项目，并记入信用记录，纳入国家信用信息系统进行公示。

第50条　农民工与用人单位就拖欠工资存在争议，用人单位应当提供依法由其保存的劳动合同、职工名册、工资支付台账和清单等材料；不提供的，依法承担不利后果。

第51条　工会依法维护农民工工资权益，对用人单位工资支付情况进行监督；发现拖欠农民工工资的，可以要求用人单位改正，拒不改正的，可以请求人力资源社会保障行政部门和其他有关部门依法处理。

第52条　单位或者个人编造虚假事实或者采取非法手段讨要农民工工资，或者以拖欠农民工工资为名讨要工程款的，依法予以处理。

第六章　法 律 责 任

第53条　违反本条例规定拖欠农民工工资的，依照有关法律规定执行。

第54条　有下列情形之一的，由人力资源社会保障行政部门责令限期改正；逾期不改正的，对单位处2万元以上5万元以下的罚款，对法定代表人或者主要负责人、直接负责的主管人员和其他直接责任人员处1万元以上3万元以下的罚款：

（一）以实物、有价证券等形式代替货币支付农民工工资；

（二）未编制工资支付台账并依法保存，或者未向农民工提供工资清单；

（三）扣押或者变相扣押用于支付农民工工资的银行账户所

绑定的农民工本人社会保障卡或者银行卡。

第55条 有下列情形之一的，由人力资源社会保障行政部门、相关行业工程建设主管部门按照职责责令限期改正；逾期不改正的，责令项目停工，并处5万元以上10万元以下的罚款；情节严重的，给予施工单位限制承接新工程、降低资质等级、吊销资质证书等处罚：

（一）施工总承包单位未按规定开设或者使用农民工工资专用账户；

（二）施工总承包单位未按规定存储工资保证金或者未提供金融机构保函；

（三）施工总承包单位、分包单位未实行劳动用工实名制管理。

第56条 有下列情形之一的，由人力资源社会保障行政部门、相关行业工程建设主管部门按照职责责令限期改正；逾期不改正的，处5万元以上10万元以下的罚款：

（一）分包单位未按月考核农民工工作量、编制工资支付表并经农民工本人签字确认；

（二）施工总承包单位未对分包单位劳动用工实施监督管理；

（三）分包单位未配合施工总承包单位对其劳动用工进行监督管理；

（四）施工总承包单位未实行施工现场维权信息公示制度。

第57条 有下列情形之一的，由人力资源社会保障行政部门、相关行业工程建设主管部门按照职责责令限期改正；逾期不改正的，责令项目停工，并处5万元以上10万元以下的罚款：

（一）建设单位未依法提供工程款支付担保；

（二）建设单位未按约定及时足额向农民工工资专用账户拨付工程款中的人工费用；

（三）建设单位或者施工总承包单位拒不提供或者无法提供工程施工合同、农民工工资专用账户有关资料。

第 58 条　不依法配合人力资源社会保障行政部门查询相关单位金融账户的，由金融监管部门责令改正；拒不改正的，处 2 万元以上 5 万元以下的罚款。

第 59 条　政府投资项目政府投资资金不到位拖欠农民工工资的，由人力资源社会保障行政部门报本级人民政府批准，责令限期足额拨付所拖欠的资金；逾期不拨付的，由上一级人民政府人力资源社会保障行政部门约谈直接责任部门和相关监管部门负责人，必要时进行通报，约谈地方人民政府负责人。情节严重的，对地方人民政府及其有关部门负责人、直接负责的主管人员和其他直接责任人员依法依规给予处分。

第 60 条　政府投资项目建设单位未经批准立项建设、擅自扩大建设规模、擅自增加投资概算、未及时拨付工程款等导致拖欠农民工工资的，除依法承担责任外，由人力资源社会保障行政部门、其他有关部门按照职责约谈建设单位负责人，并作为其业绩考核、薪酬分配、评优评先、职务晋升等的重要依据。

第 61 条　对于建设资金不到位、违法违规开工建设的社会投资工程建设项目拖欠农民工工资的，由人力资源社会保障行政部门、其他有关部门按照职责依法对建设单位进行处罚；对建设单位负责人依法依规给予处分。相关部门工作人员未依法履行职责的，由有关机关依法依规给予处分。

第 62 条　县级以上地方人民政府人力资源社会保障、发展改革、财政、公安等部门和相关行业工程建设主管部门工作人员，在履行农民工工资支付监督管理职责过程中滥用职权、玩忽职守、徇私舞弊的，依法依规给予处分；构成犯罪的，依法追究刑事责任。

第七章　附　　则

第 63 条　用人单位一时难以支付拖欠的农民工工资或者拖欠农民工工资逃匿的，县级以上地方人民政府可以动用应急周转金，先行垫付用人单位拖欠的农民工部分工资或者基本生活费。对已经垫付的应急周转金，应当依法向拖欠农民工工资的用人单位进行追偿。

第二章　调　　解

第十条　调解组织

发生劳动争议，当事人可以到下列调解组织申请调解：

（一）企业劳动争议调解委员会；

（二）依法设立的基层人民调解组织；

（三）在乡镇、街道设立的具有劳动争议调解职能的组织。

企业劳动争议调解委员会由职工代表和企业代表组成。职工代表由工会成员担任或者由全体职工推举产生，企业代表由企业负责人指定。企业劳动争议调解委员会主任由工会成员或者双方推举的人员担任。

法　律

1. **《劳动法》**（2018 年 12 月 29 日）

第 80 条　在用人单位内，可以设立劳动争议调解委员会。劳动争议调解委员会由职工代表、用人单位代表和工会代表组成。劳动争议调解委员会主任由工会代表担任。

劳动争议经调解达成协议的，当事人应当履行。

2. **《人民调解法》**（2010 年 8 月 28 日）

第一章　总　　则

第 1 条　为了完善人民调解制度，规范人民调解活动，及时解决民间纠纷，维护社会和谐稳定，根据宪法，制定本法。

第 2 条　本法所称人民调解，是指人民调解委员会通过说服、疏导等方法，促使当事人在平等协商基础上自愿达成调解协议，解决民间纠纷的活动。

第3条　人民调解委员会调解民间纠纷，应当遵循下列原则：

（一）在当事人自愿、平等的基础上进行调解；

（二）不违背法律、法规和国家政策；

（三）尊重当事人的权利，不得因调解而阻止当事人依法通过仲裁、行政、司法等途径维护自己的权利。

第4条　人民调解委员会调解民间纠纷，不收取任何费用。

第5条　国务院司法行政部门负责指导全国的人民调解工作，县级以上地方人民政府司法行政部门负责指导本行政区域的人民调解工作。

基层人民法院对人民调解委员会调解民间纠纷进行业务指导。

第6条　国家鼓励和支持人民调解工作。县级以上地方人民政府对人民调解工作所需经费应当给予必要的支持和保障，对有突出贡献的人民调解委员会和人民调解员按照国家规定给予表彰奖励。

第二章　人民调解委员会

第7条　人民调解委员会是依法设立的调解民间纠纷的群众性组织。

第8条　村民委员会、居民委员会设立人民调解委员会。企业事业单位根据需要设立人民调解委员会。

人民调解委员会由委员三至九人组成，设主任一人，必要时，可以设副主任若干人。

人民调解委员会应当有妇女成员，多民族居住的地区应当有人数较少民族的成员。

第9条　村民委员会、居民委员会的人民调解委员会委员由村民会议或者村民代表会议、居民会议推选产生；企业事业单位设立的人民调解委员会委员由职工大会、职工代表大会或者工会组织推选产生。

人民调解委员会委员每届任期三年，可以连选连任。

第 10 条 县级人民政府司法行政部门应当对本行政区域内人民调解委员会的设立情况进行统计，并且将人民调解委员会以及人员组成和调整情况及时通报所在地基层人民法院。

第 11 条 人民调解委员会应当建立健全各项调解工作制度，听取群众意见，接受群众监督。

第 12 条 村民委员会、居民委员会和企业事业单位应当为人民调解委员会开展工作提供办公条件和必要的工作经费。

第三章 人民调解员

第 13 条 人民调解员由人民调解委员会委员和人民调解委员会聘任的人员担任。

第 14 条 人民调解员应当由公道正派、热心人民调解工作，并具有一定文化水平、政策水平和法律知识的成年公民担任。

县级人民政府司法行政部门应当定期对人民调解员进行业务培训。

第 15 条 人民调解员在调解工作中有下列行为之一的，由其所在的人民调解委员会给予批评教育、责令改正，情节严重的，由推选或者聘任单位予以罢免或者解聘：

（一）偏袒一方当事人的；

（二）侮辱当事人的；

（三）索取、收受财物或者牟取其他不正当利益的；

（四）泄露当事人的个人隐私、商业秘密的。

第 16 条 人民调解员从事调解工作，应当给予适当的误工补贴；因从事调解工作致伤致残，生活发生困难的，当地人民政府应当提供必要的医疗、生活救助；在人民调解工作岗位上牺牲的人民调解员，其配偶、子女按照国家规定享受抚恤和优待。

第四章　调 解 程 序

第 17 条　当事人可以向人民调解委员会申请调解；人民调解委员会也可以主动调解。当事人一方明确拒绝调解的，不得调解。

第 18 条　基层人民法院、公安机关对适宜通过人民调解方式解决的纠纷，可以在受理前告知当事人向人民调解委员会申请调解。

第 19 条　人民调解委员会根据调解纠纷的需要，可以指定一名或者数名人民调解员进行调解，也可以由当事人选择一名或者数名人民调解员进行调解。

第 20 条　人民调解员根据调解纠纷的需要，在征得当事人的同意后，可以邀请当事人的亲属、邻里、同事等参与调解，也可以邀请具有专门知识、特定经验的人员或者有关社会组织的人员参与调解。

人民调解委员会支持当地公道正派、热心调解、群众认可的社会人士参与调解。

第 21 条　人民调解员调解民间纠纷，应当坚持原则，明法析理，主持公道。

调解民间纠纷，应当及时、就地进行，防止矛盾激化。

第 22 条　人民调解员根据纠纷的不同情况，可以采取多种方式调解民间纠纷，充分听取当事人的陈述，讲解有关法律、法规和国家政策，耐心疏导，在当事人平等协商、互谅互让的基础上提出纠纷解决方案，帮助当事人自愿达成调解协议。

第 23 条　当事人在人民调解活动中享有下列权利：

（一）选择或者接受人民调解员；

（二）接受调解、拒绝调解或者要求终止调解；

（三）要求调解公开进行或者不公开进行；

（四）自主表达意愿、自愿达成调解协议。

第24条　当事人在人民调解活动中履行下列义务：

（一）如实陈述纠纷事实；

（二）遵守调解现场秩序，尊重人民调解员；

（三）尊重对方当事人行使权利。

第25条　人民调解员在调解纠纷过程中，发现纠纷有可能激化的，应当采取有针对性的预防措施；对有可能引起治安案件、刑事案件的纠纷，应当及时向当地公安机关或者其他有关部门报告。

第26条　人民调解员调解纠纷，调解不成的，应当终止调解，并依据有关法律、法规的规定，告知当事人可以依法通过仲裁、行政、司法等途径维护自己的权利。

第27条　人民调解员应当记录调解情况。人民调解委员会应当建立调解工作档案，将调解登记、调解工作记录、调解协议书等材料立卷归档。

第五章　调 解 协 议

第28条　经人民调解委员会调解达成调解协议的，可以制作调解协议书。当事人认为无需制作调解协议书的，可以采取口头协议方式，人民调解员应当记录协议内容。

第29条　调解协议书可以载明下列事项：

（一）当事人的基本情况；

（二）纠纷的主要事实、争议事项以及各方当事人的责任；

（三）当事人达成调解协议的内容，履行的方式、期限。

调解协议书自各方当事人签名、盖章或者按指印，人民调解员签名并加盖人民调解委员会印章之日起生效。调解协议书由当事人各执一份，人民调解委员会留存一份。

第30条　口头调解协议自各方当事人达成协议之日起生效。

第31条　经人民调解委员会调解达成的调解协议，具有法律约束力，当事人应当按照约定履行。

人民调解委员会应当对调解协议的履行情况进行监督，督促当事人履行约定的义务。

第 32 条　经人民调解委员会调解达成调解协议后，当事人之间就调解协议的履行或者调解协议的内容发生争议的，一方当事人可以向人民法院提起诉讼。

第 33 条　经人民调解委员会调解达成调解协议后，双方当事人认为有必要的，可以自调解协议生效之日起三十日内共同向人民法院申请司法确认，人民法院应当及时对调解协议进行审查，依法确认调解协议的效力。

人民法院依法确认调解协议有效，一方当事人拒绝履行或者未全部履行的，对方当事人可以向人民法院申请强制执行。

人民法院依法确认调解协议无效的，当事人可以通过人民调解方式变更原调解协议或者达成新的调解协议，也可以向人民法院提起诉讼。

第六章　附　　则

第 34 条　乡镇、街道以及社会团体或者其他组织根据需要可以参照本法有关规定设立人民调解委员会，调解民间纠纷。

第 35 条　本法自 2011 年 1 月 1 日起施行。

● 行政法规及文件

3. **《人民调解委员会组织条例》**（1989 年 6 月 17 日）

第 1 条　为了加强人民调解委员会的建设，及时调解民间纠纷，增进人民团结，维护社会安定，以利于社会主义现代化建设，制定本条例。

第 2 条　人民调解委员会是村民委员会和居民委员会下设的调解民间纠纷的群众性组织，在基层人民政府和基层人民法院指导下进行工作。

基层人民政府及其派出机关指导人民调解委员会的日常工作由司法助理员负责。

第3条 人民调解委员会由委员3至9人组成，设主任1人，必要时可以设副主任。

人民调解委员会委员除由村民委员会成员或者居民委员会成员兼任的以外由群众选举产生，每3年改选一次，可以连选连任。

多民族居住地区的人民调解委员会中，应当有人数较少的民族的成员。

人民调解委员会委员不能任职时，由原选举单位补选。

人民调解委员会委员严重失职或者违法乱纪的，由原选举单位撤换。

第4条 为人公正，联系群众，热心人民调解工作，并有一定法律知识和政策水平的成年公民，可以当选为人民调解委员会委员。

第5条 人民调解委员会的任务为调解民间纠纷，并通过调解工作宣传法律、法规、规章和政策，教育公民遵纪守法，尊重社会公德。

人民调解委员会应当向村民委员会或者居民委员会反映民间纠纷和调解工作的情况。

第6条 人民调解委员会的调解工作应当遵守以下原则：

（一）依据法律、法规、规章和政策进行调解，法律、法规、规章和政策没有明确规定的，依据社会公德进行调解；

（二）在双方当事人自愿平等的基础上进行调解；

（三）尊重当事人的诉讼权利，不得因未经调解或者调解不成而阻止当事人向人民法院起诉。

第7条 人民调解委员会根据当事人的申请及时调解纠纷；当事人没有申请的，也可以主动调解。

人民调解委员会调解纠纷可以由委员 1 人或数人进行；跨地区、跨单位的纠纷，可以由有关的各方调解组织共同调解。

人民调解委员会调解纠纷，可以邀请有关单位和个人参加，被邀请的单位和个人应当给予支持。

第 8 条　人民调解委员会调解纠纷，应当在查明事实、分清是非的基础上，充分说理，耐心疏导，消除隔阂，帮助当事人达成协议。

调解纠纷应当进行登记，制作笔录，根据需要或者当事人的请求，可以制作调解协议书。调解协议书应当有双方当事人和调解人员的签名，并加盖人民调解委员会的印章。

第 9 条　人民调解委员会主持下达成的调解协议，当事人应当履行。

经过调解，当事人未达成协议或者达成协议后又反悔的，任何一方可以请求基层人民政府处理，也可以向人民法院起诉。

第 10 条　基层人民政府对于人民调解委员会主持下达成的调解协议，符合法律、法规、规章和政策的，应当予以支持；违背法律、法规、规章和政策的，应当予以纠正。

第 11 条　人民调解委员会调解民间纠纷不收费。

第 12 条　人民调解委员会委员必须遵守以下纪律：

（一）不得徇私舞弊；

（二）不得对当事人压制、打击报复；

（三）不得侮辱、处罚当事人；

（四）不得泄露当事人的隐私；

（五）不得吃请受礼。

第 13 条　各级人民政府对成绩显著的人民调解委员会和调解委员应当予以表彰和奖励。

第 14 条　对人民调解委员会委员，根据情况可以给予适当补贴。

人民调解委员会的工作经费和调解委员的补贴经费，由村民委员会或者居民委员会解决。

第15条 企业、事业单位根据需要设立的人民调解委员会，参照本条例执行。

第16条 本条例由司法部负责解释。

第17条 本条例自发布之日起施行。1954年3月22日原中央人民政府政务院公布的《人民调解委员会暂行组织通则》同时废止。

● 部门规章及文件

4.《人力资源社会保障部 中央政法委 最高人民法院 工业和信息化部 司法部 财政部 中华全国总工会 中华全国工商业联合会 中国企业联合会/中国企业家协会关于进一步加强劳动人事争议协商调解工作的意见》（2022年10月13日）

六、提升服务能力

（十七）加强调解员队伍建设。通过政府购买服务等方式提升劳动人事争议协商调解能力。扩大兼职调解员来源渠道，广泛吸纳法学专家、仲裁员、律师、劳动关系协调员（师）、退休法官、退休检察官等专业力量参与调解。加强对调解员的培训指导，开发国家职业技能标准，切实提高调解员职业道德、增强服务意识，提升办案能力。

（十八）加强智慧协商调解建设。推动信息化技术与协商调解深度融合，建立部门间数据信息互通共享机制，整合运用各类大数据开展劳动人事争议情况分析研判。完善网络平台和手机APP、微信小程序、微信公众号等平台的调解功能，推进“网上办”“掌上办”，实现协商调解向智能化不断迈进。

（十九）保障工作经费。人力资源社会保障部门将协商调解纳入政府购买服务指导性目录。地方财政部门结合当地实际和财力可能，合理安排经费，对协商调解工作经费给予必要的支持和保障，加强硬件保障，为调解组织提供必要的办公办案设施设备。

（二十）落实工作责任。构建和谐劳动关系，是增强党的执政基础、巩固党的执政地位的必然要求，是加强和创新社会治理、保障和改善民生的重要内容，是促进经济高质量发展、社会和谐稳定的重要基础。各地要把做好协商调解工作作为构建和谐劳动关系的一项重要任务，切实增强责任感、使命感、紧迫感，积极争取党委、政府支持，将这项工作纳入当地经济社会发展总体规划和政府目标责任考核体系，推动工作扎实有效开展。各级党委政法委要将劳动人事争议多元处理机制建设工作纳入平安建设考核，推动相关部门细化考评标准，完善督导检查、考评推动等工作。人力资源社会保障部门要发挥在劳动人事争议多元处理中的牵头作用，会同有关部门统筹推进调解组织、制度和队伍建设，完善调解成效考核评价机制。人民法院要发挥司法引领、推动和保障作用，加强调解与诉讼有机衔接。司法行政部门要指导调解组织积极开展劳动人事争议调解工作，加强对调解员的劳动法律政策知识培训，鼓励、引导律师参与法律援助和社会化调解。财政部门要保障协商调解工作经费，督促有关部门加强资金管理，发挥资金使用效益。中小企业主管部门要进一步健全服务体系，指导中小企业服务机构帮助企业依法合规用工，降低用工风险，构建和谐劳动关系。工会要积极参与劳动人事争议多元化解，引导劳动者依法理性表达利益诉求，帮助劳动者协商化解劳动人事争议，依法为劳动者提供法律服务，切实维护劳动者合法权益，竭诚服务劳动者。工商联、企业联合会等要发挥代表作用，引导和支持企业守法诚信经营、履行社会责任，建立健全内部劳动人事争议解决机制。

各省级人力资源社会保障部门要会同有关部门，按照本意见精神，制定切实可行的实施方案，明确任务、明确措施、明确责任、明确要求，定期对本意见落实情况进行督促检查，及时向人力资源社会保障部报送工作进展情况。

第十一条 调解员

劳动争议调解组织的调解员应当由公道正派、联系群众、热心调解工作，并具有一定法律知识、政策水平和文化水平的成年公民担任。

第十二条 申请调解的形式

当事人申请劳动争议调解可以书面申请，也可以口头申请。口头申请的，调解组织应当当场记录申请人基本情况、申请调解的争议事项、理由和时间。

第十三条 调解的基本原则

调解劳动争议，应当充分听取双方当事人对事实和理由的陈述，耐心疏导，帮助其达成协议。

● **部门规章及文件**

《人力资源社会保障部 中央政法委 最高人民法院 工业和信息化部 司法部 财政部 中华全国总工会 中华全国工商业联合会 中国企业联合会/中国企业家协会关于进一步加强劳动人事争议协商调解工作的意见》（2022 年 10 月 13 日）

一、总体要求

（二）基本原则

1. 坚持人民至上，把为民服务理念贯穿协商调解工作全过程，拓展服务领域，优化服务方式，提升服务能力，打造协商调解服务优质品牌。

2. 坚持源头治理，充分发挥协商调解的前端性、基础性作用，做到关口前移、重心下沉，最大限度地把劳动人事争议解决在基层和萌芽状态。

3. 坚持创新发展，尊重基层首创精神，积极探索新理念、新机制、新举措，促进各类调解联动融合，推动社会协同共治，形成体现中国特色、符合劳动人事争议多元处理规律、满足时代需求的协商调解工作格局。

4. 坚持灵活高效，充分发挥协商调解柔性高效、灵活便捷的优势，运用法治思维和法治方式，推动案结事了人和，促进劳动关系和谐与社会稳定。

第十四条 调解协议书

经调解达成协议的，应当制作调解协议书。

调解协议书由双方当事人签名或者盖章，经调解员签名并加盖调解组织印章后生效，对双方当事人具有约束力，当事人应当履行。

自劳动争议调解组织收到调解申请之日起十五日内未达成调解协议的，当事人可以依法申请仲裁。

● 法 律

1. **《人民调解法》**（2010 年 8 月 28 日）

第 28 条 经人民调解委员会调解达成调解协议的，可以制作调解协议书。当事人认为无需制作调解协议书的，可以采取口头协议方式，人民调解员应当记录协议内容。

第 29 条 调解协议书可以载明下列事项：

（一）当事人的基本情况；

（二）纠纷的主要事实、争议事项以及各方当事人的责任；

（三）当事人达成调解协议的内容，履行的方式、期限。

调解协议书自各方当事人签名、盖章或者按指印，人民调解员签名并加盖人民调解委员会印章之日起生效。调解协议书由当事人各执一份，人民调解委员会留存一份。

第 30 条 口头调解协议自各方当事人达成协议之日起生效。

第 31 条 经人民调解委员会调解达成的调解协议，具有法律约束力，当事人应当按照约定履行。

人民调解委员会应当对调解协议的履行情况进行监督，督促当事人履行约定的义务。

第 32 条 经人民调解委员会调解达成调解协议后，当事人之间就调解协议的履行或者调解协议的内容发生争议的，一方当事人可以向人民法院提起诉讼。

第 33 条 经人民调解委员会调解达成调解协议后，双方当事人认为有必要的，可以自调解协议生效之日起三十日内共同向人民法院申请司法确认，人民法院应当及时对调解协议进行审查，依法确认调解协议的效力。

人民法院依法确认调解协议有效，一方当事人拒绝履行或者未全部履行的，对方当事人可以向人民法院申请强制执行。

人民法院依法确认调解协议无效的，当事人可以通过人民调解方式变更原调解协议或者达成新的调解协议，也可以向人民法院提起诉讼。

● 司法解释及文件

2.《最高人民法院关于人民调解协议司法确认程序的若干规定》（2011 年 3 月 23 日）

为了规范经人民调解委员会调解达成的民事调解协议的司法确认程序，进一步建立健全诉讼与非诉讼相衔接的矛盾纠纷解决机制，依照《中华人民共和国民事诉讼法》和《中华人民共和国人民调解法》的规定，结合审判实际，制定本规定。

第1条　当事人根据《中华人民共和国人民调解法》第三十三条的规定共同向人民法院申请确认调解协议的，人民法院应当依法受理。

第2条　当事人申请确认调解协议的，由主持调解的人民调解委员会所在地基层人民法院或者它派出的法庭管辖。

人民法院在立案前委派人民调解委员会调解并达成调解协议，当事人申请司法确认的，由委派的人民法院管辖。

第3条　当事人申请确认调解协议，应当向人民法院提交司法确认申请书、调解协议和身份证明、资格证明，以及与调解协议相关的财产权利证明等证明材料，并提供双方当事人的送达地址、电话号码等联系方式。委托他人代为申请的，必须向人民法院提交由委托人签名或者盖章的授权委托书。

第4条　人民法院收到当事人司法确认申请，应当在三日内决定是否受理。人民法院决定受理的，应当编立"调确字"案号，并及时向当事人送达受理通知书。双方当事人同时到法院申请司法确认的，人民法院可以当即受理并作出是否确认的决定。

有下列情形之一的，人民法院不予受理：

（一）不属于人民法院受理民事案件的范围或者不属于接受申请的人民法院管辖的；

（二）确认身份关系的；

（三）确认收养关系的；

（四）确认婚姻关系的。

第5条　人民法院应当自受理司法确认申请之日起十五日内作出是否确认的决定。因特殊情况需要延长的，经本院院长批准，可以延长十日。

在人民法院作出是否确认的决定前，一方或者双方当事人撤回司法确认申请的，人民法院应当准许。

第6条　人民法院受理司法确认申请后，应当指定一名审判人员对调解协议进行审查。人民法院在必要时可以通知双方当事人同时到场，当面询问当事人。当事人应当向人民法院如实陈述申请确认的调解协议的有关情况，保证提交的证明材料真实、合法。人民法院在审查中，认为当事人的陈述或者提供的证明材料不充分、不完备或者有疑义的，可以要求当事人补充陈述或者补充证明材料。当事人无正当理由未按时补充或者拒不接受询问的，可以按撤回司法确认申请处理。

第7条　具有下列情形之一的，人民法院不予确认调解协议效力：

（一）违反法律、行政法规强制性规定的；

（二）侵害国家利益、社会公共利益的；

（三）侵害案外人合法权益的；

（四）损害社会公序良俗的；

（五）内容不明确，无法确认的；

（六）其他不能进行司法确认的情形。

第8条　人民法院经审查认为调解协议符合确认条件的，应当作出确认决定书；决定不予确认调解协议效力的，应当作出不予确认决定书。

第9条　人民法院依法作出确认决定后，一方当事人拒绝履行或者未全部履行的，对方当事人可以向作出确认决定的人民法院申请强制执行。

第10条　案外人认为经人民法院确认的调解协议侵害其合法权益的，可以自知道或者应当知道权益被侵害之日起一年内，向作出确认决定的人民法院申请撤销确认决定。

第11条　人民法院办理人民调解协议司法确认案件，不收取费用。

第12条　人民法院可以将调解协议不予确认的情况定期或者不定期通报同级司法行政机关和相关人民调解委员会。

第 13 条　经人民法院建立的调解员名册中的调解员调解达成协议后，当事人申请司法确认的，参照本规定办理。人民法院立案后委托他人调解达成的协议的司法确认，按照《最高人民法院关于人民法院民事调解工作若干问题的规定》（法释〔2004〕12 号）的有关规定办理。

第二章

第十五条　不履行调解协议可申请仲裁

达成调解协议后，一方当事人在协议约定期限内不履行调解协议的，另一方当事人可以依法申请仲裁。

第十六条　劳动者可以调解协议书申请支付令的情形

因支付拖欠劳动报酬、工伤医疗费、经济补偿或者赔偿金事项达成调解协议，用人单位在协议约定期限内不履行的，劳动者可以持调解协议书依法向人民法院申请支付令。人民法院应当依法发出支付令。

法　律

1.《民事诉讼法》（2021 年 12 月 24 日）

第 221 条　债权人请求债务人给付金钱、有价证券，符合下列条件的，可以向有管辖权的基层人民法院申请支付令：

（一）债权人与债务人没有其他债务纠纷的；

（二）支付令能够送达债务人的。

申请书应当写明请求给付金钱或者有价证券的数量和所根据的事实、证据。

第 222 条　债权人提出申请后，人民法院应当在五日内通知债权人是否受理。

第 223 条　人民法院受理申请后，经审查债权人提供的事实、证据，对债权债务关系明确、合法的，应当在受理之日起十五日内向债务人发出支付令；申请不成立的，裁定予以驳回。

债务人应当自收到支付令之日起十五日内清偿债务，或者向人民法院提出书面异议。

债务人在前款规定的期间不提出异议又不履行支付令的，债权人可以向人民法院申请执行。

第 224 条 人民法院收到债务人提出的书面异议后，经审查，异议成立的，应当裁定终结督促程序，支付令自行失效。

支付令失效的，转入诉讼程序，但申请支付令的一方当事人不同意提起诉讼的除外。

2. **《劳动合同法》**（2012 年 12 月 28 日）

第 85 条 用人单位有下列情形之一的，由劳动行政部门责令限期支付劳动报酬、加班费或者经济补偿；劳动报酬低于当地最低工资标准的，应当支付其差额部分；逾期不支付的，责令用人单位按应付金额百分之五十以上百分之一百以下的标准向劳动者加付赔偿金：

（一）未按照劳动合同的约定或者国家规定及时足额支付劳动者劳动报酬的；

（二）低于当地最低工资标准支付劳动者工资的；

（三）安排加班不支付加班费的；

（四）解除或者终止劳动合同，未依照本法规定向劳动者支付经济补偿的。

● 行政法规及文件

3. **《诉讼费用交纳办法》**（2006 年 12 月 19 日）

第 13 条 案件受理费分别按照下列标准交纳：

（一）财产案件根据诉讼请求的金额或者价额，按照下列比例分段累计交纳：

1. 不超过 1 万元的，每件交纳 50 元；

2. 超过 1 万元至 10 万元的部分，按照 2.5%交纳；

3. 超过 10 万元至 20 万元的部分，按照 2%交纳；

4. 超过 20 万元至 50 万元的部分，按照 1.5%交纳；

5. 超过 50 万元至 100 万元的部分，按照 1%交纳；

6. 超过 100 万元至 200 万元的部分，按照 0.9%交纳；

7. 超过 200 万元至 500 万元的部分，按照 0.8%交纳；

8. 超过 500 万元至 1000 万元的部分，按照 0.7%交纳；

9. 超过 1000 万元至 2000 万元的部分，按照 0.6%交纳；

10. 超过 2000 万元的部分，按照 0.5%交纳。

……

第 14 条 申请费分别按照下列标准交纳：

……

（三）依法申请支付令的，比照财产案件受理费标准的 1/3 交纳。

……

● 司法解释及文件

4.《最高人民法院关于适用〈中华人民共和国民事诉讼法〉的解释》（2022 年 4 月 1 日）

第 425 条 两个以上人民法院都有管辖权的，债权人可以向其中一个基层人民法院申请支付令。

债权人向两个以上有管辖权的基层人民法院申请支付令的，由最先立案的人民法院管辖。

第 426 条 人民法院收到债权人的支付令申请书后，认为申请书不符合要求的，可以通知债权人限期补正。人民法院应当自收到补正材料之日起五日内通知债权人是否受理。

第 427 条 债权人申请支付令，符合下列条件的，基层人民法院应当受理，并在收到支付令申请书后五日内通知债权人：

（一）请求给付金钱或者汇票、本票、支票、股票、债券、国库券、可转让的存款单等有价证券；

（二）请求给付的金钱或者有价证券已到期且数额确定，并写明了请求所根据的事实、证据；

（三）债权人没有对待给付义务；

（四）债务人在我国境内且未下落不明；

（五）支付令能够送达债务人；

（六）收到申请书的人民法院有管辖权；

（七）债权人未向人民法院申请诉前保全。

不符合前款规定的，人民法院应当在收到支付令申请书后五日内通知债权人不予受理。

基层人民法院受理申请支付令案件，不受债权金额的限制。

第 428 条 人民法院受理申请后，由审判员一人进行审查。经审查，有下列情形之一的，裁定驳回申请：

（一）申请人不具备当事人资格的；

（二）给付金钱或者有价证券的证明文件没有约定逾期给付利息或者违约金、赔偿金，债权人坚持要求给付利息或者违约金、赔偿金的；

（三）要求给付的金钱或者有价证券属于违法所得的；

（四）要求给付的金钱或者有价证券尚未到期或者数额不确定的。

人民法院受理支付令申请后，发现不符合本解释规定的受理条件的，应当在受理之日起十五日内裁定驳回申请。

第 429 条 向债务人本人送达支付令，债务人拒绝接收的，人民法院可以留置送达。

第 430 条 有下列情形之一的，人民法院应当裁定终结督促程序，已发出支付令的，支付令自行失效：

（一）人民法院受理支付令申请后，债权人就同一债权债务关系又提起诉讼的；

（二）人民法院发出支付令之日起三十日内无法送达债务人的；

（三）债务人收到支付令前，债权人撤回申请的。

第 431 条　债务人在收到支付令后，未在法定期间提出书面异议，而向其他人民法院起诉的，不影响支付令的效力。

债务人超过法定期间提出异议的，视为未提出异议。

第 432 条　债权人基于同一债权债务关系，在同一支付令申请中向债务人提出多项支付请求，债务人仅就其中一项或者几项请求提出异议的，不影响其他各项请求的效力。

第 433 条　债权人基于同一债权债务关系，就可分之债向多个债务人提出支付请求，多个债务人中的一人或者几人提出异议的，不影响其他请求的效力。

第 434 条　对设有担保的债务的主债务人发出的支付令，对担保人没有拘束力。

债权人就担保关系单独提起诉讼的，支付令自人民法院受理案件之日起失效。

第 435 条　经形式审查，债务人提出的书面异议有下列情形之一的，应当认定异议成立，裁定终结督促程序，支付令自行失效：

（一）本解释规定的不予受理申请情形的；

（二）本解释规定的裁定驳回申请情形的；

（三）本解释规定的应当裁定终结督促程序情形的；

（四）人民法院对是否符合发出支付令条件产生合理怀疑的。

第 436 条　债务人对债务本身没有异议，只是提出缺乏清偿能力、延缓债务清偿期限、变更债务清偿方式等异议的，不影响支付令的效力。

人民法院经审查认为异议不成立的，裁定驳回。

债务人的口头异议无效。

第 437 条 人民法院作出终结督促程序或者驳回异议裁定前，债务人请求撤回异议的，应当裁定准许。

债务人对撤回异议反悔的，人民法院不予支持。

第 438 条 支付令失效后，申请支付令的一方当事人不同意提起诉讼的，应当自收到终结督促程序裁定之日起七日内向受理申请的人民法院提出。

申请支付令的一方当事人不同意提起诉讼的，不影响其向其他有管辖权的人民法院提起诉讼。

第 439 条 支付令失效后，申请支付令的一方当事人自收到终结督促程序裁定之日起七日内未向受理申请的人民法院表明不同意提起诉讼的，视为向受理申请的人民法院起诉。

债权人提出支付令申请的时间，即为向人民法院起诉的时间。

第 440 条 债权人向人民法院申请执行支付令的期间，适用民事诉讼法第二百四十六条的规定。

第 441 条 人民法院院长发现本院已经发生法律效力的支付令确有错误，认为需要撤销的，应当提交本院审判委员会讨论决定后，裁定撤销支付令，驳回债权人的申请。

5.《最高人民法院关于审理劳动争议案件适用法律问题的解释（一）》（2020 年 12 月 29 日）

第 13 条 劳动者依据劳动合同法第三十条第二款和调解仲裁法第十六条规定向人民法院申请支付令，符合民事诉讼法第十七章督促程序规定的，人民法院应予受理。

依据劳动合同法第三十条第二款规定申请支付令被人民法院裁定终结督促程序后，劳动者就劳动争议事项直接提起诉讼的，人民法院应当告知其先向劳动争议仲裁机构申请仲裁。

依据调解仲裁法第十六条规定申请支付令被人民法院裁定终结督促程序后，劳动者依据调解协议直接提起诉讼的，人民法院应予受理。

第三章　仲　　裁

第一节　一般规定

第十七条　劳动争议仲裁委员会的设立

劳动争议仲裁委员会按照统筹规划、合理布局和适应实际需要的原则设立。省、自治区人民政府可以决定在市、县设立；直辖市人民政府可以决定在区、县设立。直辖市、设区的市也可以设立一个或者若干个劳动争议仲裁委员会。劳动争议仲裁委员会不按行政区划层层设立。

第十八条　政府的职责

国务院劳动行政部门依照本法有关规定制定仲裁规则。省、自治区、直辖市人民政府劳动行政部门对本行政区域的劳动争议仲裁工作进行指导。

● **部门规章及文件**

1. **《劳动人事争议仲裁组织规则》**（2017年5月8日）

第一章　总　　则

第1条　为公正及时处理劳动人事争议（以下简称争议），根据《中华人民共和国劳动争议调解仲裁法》（以下简称调解仲裁法）和《中华人民共和国公务员法》、《事业单位人事管理条例》、《中国人民解放军文职人员条例》等有关法律、法规，制定本规则。

第2条　劳动人事争议仲裁委员会（以下简称仲裁委员会）由人民政府依法设立，专门处理争议案件。

第3条　人力资源社会保障行政部门负责指导本行政区域的

争议调解仲裁工作，组织协调处理跨地区、有影响的重大争议，负责仲裁员的管理、培训等工作。

第二章　仲裁委员会及其办事机构

第 4 条　仲裁委员会按照统筹规划、合理布局和适应实际需要的原则设立，由省、自治区、直辖市人民政府依法决定。

第 5 条　仲裁委员会由干部主管部门代表、人力资源社会保障等相关行政部门代表、军队文职人员工作管理部门代表、工会代表和用人单位方面代表等组成。

仲裁委员会组成人员应当是单数。

第 6 条　仲裁委员会设主任一名，副主任和委员若干名。

仲裁委员会主任由政府负责人或者人力资源社会保障行政部门主要负责人担任。

第 7 条　仲裁委员会依法履行下列职责：

（一）聘任、解聘专职或者兼职仲裁员；

（二）受理争议案件；

（三）讨论重大或者疑难的争议案件；

（四）监督本仲裁委员会的仲裁活动；

（五）制定本仲裁委员会的工作规则；

（六）其他依法应当履行的职责。

第 8 条　仲裁委员会应当每年至少召开两次全体会议，研究本仲裁委员会职责履行情况和重要工作事项。

仲裁委员会主任或者三分之一以上的仲裁委员会组成人员提议召开仲裁委员会会议的，应当召开。

仲裁委员会的决定实行少数服从多数原则。

第 9 条　仲裁委员会下设实体化的办事机构，具体承担争议调解仲裁等日常工作。办事机构称为劳动人事争议仲裁院（以下简称仲裁院），设在人力资源社会保障行政部门。

仲裁院对仲裁委员会负责并报告工作。

第10条　仲裁委员会的经费依法由财政予以保障。仲裁经费包括人员经费、公用经费、仲裁专项经费等。

仲裁院可以通过政府购买服务等方式聘用记录人员、安保人员等办案辅助人员。

第11条　仲裁委员会组成单位可以派兼职仲裁员常驻仲裁院，参与争议调解仲裁活动。

第三章　仲裁庭

第12条　仲裁委员会处理争议案件实行仲裁庭制度，实行一案一庭制。

仲裁委员会可以根据案件处理实际需要设立派驻仲裁庭、巡回仲裁庭、流动仲裁庭，就近就地处理争议案件。

第13条　处理下列争议案件应当由三名仲裁员组成仲裁庭，设首席仲裁员：

（一）十人以上并有共同请求的争议案件；

（二）履行集体合同发生的争议案件；

（三）有重大影响或者疑难复杂的争议案件；

（四）仲裁委员会认为应当由三名仲裁员组庭处理的其他争议案件。

简单争议案件可以由一名仲裁员独任仲裁。

第14条　记录人员负责案件庭审记录等相关工作。

记录人员不得由本庭仲裁员兼任。

第15条　仲裁庭组成不符合规定的，仲裁委员会应当予以撤销并重新组庭。

第16条　仲裁委员会应当有专门的仲裁场所。仲裁场所应当悬挂仲裁徽章，张贴仲裁庭纪律及注意事项等，并配备仲裁庭专业设备、档案储存设备、安全监控设备和安检设施等。

第17条　仲裁工作人员在仲裁活动中应当统一着装，佩戴仲裁徽章。

第四章　仲裁员

第18条　仲裁员是由仲裁委员会聘任、依法调解和仲裁争议案件的专业工作人员。

仲裁员分为专职仲裁员和兼职仲裁员。专职仲裁员和兼职仲裁员在调解仲裁活动中享有同等权利，履行同等义务。

兼职仲裁员进行仲裁活动，所在单位应当予以支持。

第19条　仲裁委员会应当依法聘任一定数量的专职仲裁员，也可以根据办案工作需要，依法从干部主管部门、人力资源社会保障行政部门、军队文职人员工作管理部门、工会、企业组织等相关机构的人员以及专家学者、律师中聘任兼职仲裁员。

第20条　仲裁员享有以下权利：

（一）履行职责应当具有的职权和工作条件；

（二）处理争议案件不受干涉；

（三）人身、财产安全受到保护；

（四）参加聘前培训和在职培训；

（五）法律、法规规定的其他权利。

第21条　仲裁员应当履行以下义务：

（一）依法处理争议案件；

（二）维护国家利益和公共利益，保护当事人合法权益；

（三）严格执行廉政规定，恪守职业道德；

（四）自觉接受监督；

（五）法律、法规规定的其他义务。

第22条　仲裁委员会聘任仲裁员时，应当从符合调解仲裁法第二十条规定的仲裁员条件的人员中选聘。

仲裁委员会应当根据工作需要，合理配备专职仲裁员和办案辅助人员。专职仲裁员数量不得少于三名，办案辅助人员不得少于一名。

第23条　仲裁委员会应当设仲裁员名册，并予以公告。

省、自治区、直辖市人力资源社会保障行政部门应当将本行政区域内仲裁委员会聘任的仲裁员名单报送人力资源社会保障部备案。

第 24 条 仲裁员聘期一般为五年。仲裁委员会负责仲裁员考核，考核结果作为解聘和续聘仲裁员的依据。

第 25 条 仲裁委员会应当制定仲裁员工作绩效考核标准，重点考核办案质量和效率、工作作风、遵纪守法情况等。考核结果分为优秀、合格、不合格。

第 26 条 仲裁员有下列情形之一的，仲裁委员会应当予以解聘：

（一）聘期届满不再续聘的；

（二）在聘期内因工作岗位变动或者其他原因不再履行仲裁员职责的；

（三）年度考核不合格的；

（四）因违纪、违法犯罪不能继续履行仲裁员职责的；

（五）其他应当解聘的情形。

第 27 条 人力资源社会保障行政部门负责对拟聘任的仲裁员进行聘前培训。

拟聘为省、自治区、直辖市仲裁委员会仲裁员及副省级市仲裁委员会仲裁员的，参加人力资源社会保障部组织的聘前培训；拟聘为地（市）、县（区）仲裁委员会仲裁员的，参加省、自治区、直辖市人力资源社会保障行政部门组织的仲裁员聘前培训。

第 28 条 人力资源社会保障行政部门负责每年对本行政区域内的仲裁员进行政治思想、职业道德、业务能力和作风建设培训。

仲裁员每年脱产培训的时间累计不少于四十学时。

第 29 条 仲裁委员会应当加强仲裁员作风建设，培育和弘扬具有行业特色的仲裁文化。

第30条　人力资源社会保障部负责组织制定仲裁员培训大纲，开发培训教材，建立师资库和考试题库。

第31条　建立仲裁员职业保障机制，拓展仲裁员职业发展空间。

第五章　仲裁监督

第32条　仲裁委员会应当建立仲裁监督制度，对申请受理、办案程序、处理结果、仲裁工作人员行为等进行监督。

第33条　仲裁员不得有下列行为：

（一）徇私枉法，偏袒一方当事人；

（二）滥用职权，侵犯当事人合法权益；

（三）利用职权为自己或者他人谋取私利；

（四）隐瞒证据或者伪造证据；

（五）私自会见当事人及其代理人，接受当事人及其代理人的请客送礼；

（六）故意拖延办案、玩忽职守；

（七）泄露案件涉及的国家秘密、商业秘密和个人隐私或者擅自透露案件处理情况；

（八）在受聘期间担任所在仲裁委员会受理案件的代理人；

（九）其他违法违纪的行为。

第34条　仲裁员有本规则第三十三条规定情形的，仲裁委员会视情节轻重，给予批评教育、解聘等处理；被解聘的，五年内不得再次被聘为仲裁员。仲裁员所在单位根据国家有关规定对其给予处分；构成犯罪的，依法追究刑事责任。

第35条　记录人员等办案辅助人员应当认真履行职责，严守工作纪律，不得有玩忽职守、偏袒一方当事人、泄露案件涉及的国家秘密、商业秘密和个人隐私或者擅自透露案件处理情况等行为。

办案辅助人员违反前款规定的，应当按照有关法律法规和本规则第三十四条的规定处理。

第六章　附　　则

第36条　被聘任为仲裁员的，由人力资源社会保障部统一免费发放仲裁员证和仲裁徽章。

第37条　仲裁委员会对被解聘、辞职以及其他原因不再聘任的仲裁员，应当及时收回仲裁员证和仲裁徽章，并予以公告。

第38条　本规则自2017年7月1日起施行。2010年1月20日人力资源社会保障部公布的《劳动人事争议仲裁组织规则》（人力资源和社会保障部令第5号）同时废止。

2.《劳动人事争议仲裁办案规则》（2017年5月8日）

第一章　总　　则

第1条　为公正及时处理劳动人事争议（以下简称争议），规范仲裁办案程序，根据《中华人民共和国劳动争议调解仲裁法》（以下简称调解仲裁法）以及《中华人民共和国公务员法》（以下简称公务员法）、《事业单位人事管理条例》、《中国人民解放军文职人员条例》和有关法律、法规、国务院有关规定，制定本规则。

第2条　本规则适用下列争议的仲裁：

（一）企业、个体经济组织、民办非企业单位等组织与劳动者之间，以及机关、事业单位、社会团体与其建立劳动关系的劳动者之间，因确认劳动关系，订立、履行、变更、解除和终止劳动合同，工作时间、休息休假、社会保险、福利、培训以及劳动保护，劳动报酬、工伤医疗费、经济补偿或者赔偿金等发生的争议；

（二）实施公务员法的机关与聘任制公务员之间、参照公务员法管理的机关（单位）与聘任工作人员之间因履行聘任合同发生的争议；

（三）事业单位与其建立人事关系的工作人员之间因终止人

事关系以及履行聘用合同发生的争议；

（四）社会团体与其建立人事关系的工作人员之间因终止人事关系以及履行聘用合同发生的争议；

（五）军队文职人员用人单位与聘用制文职人员之间因履行聘用合同发生的争议；

（六）法律、法规规定由劳动人事争议仲裁委员会（以下简称仲裁委员会）处理的其他争议。

第3条 仲裁委员会处理争议案件，应当遵循合法、公正的原则，先行调解，及时裁决。

第4条 仲裁委员会下设实体化的办事机构，称为劳动人事争议仲裁院（以下简称仲裁院）。

第5条 劳动者一方在十人以上并有共同请求的争议，或者因履行集体合同发生的劳动争议，仲裁委员会应当优先立案，优先审理。

第二章　一般规定

第6条 发生争议的用人单位未办理营业执照、被吊销营业执照、营业执照到期继续经营、被责令关闭、被撤销以及用人单位解散、歇业，不能承担相关责任的，应当将用人单位和其出资人、开办单位或者主管部门作为共同当事人。

第7条 劳动者与个人承包经营者发生争议，依法向仲裁委员会申请仲裁的，应当将发包的组织和个人承包经营者作为共同当事人。

第8条 劳动合同履行地为劳动者实际工作场所地，用人单位所在地为用人单位注册、登记地或者主要办事机构所在地。用人单位未经注册、登记的，其出资人、开办单位或者主管部门所在地为用人单位所在地。

双方当事人分别向劳动合同履行地和用人单位所在地的仲裁委员会申请仲裁的，由劳动合同履行地的仲裁委员会管辖。有多个劳动合同履行地的，由最先受理的仲裁委员会管辖。劳动合同履行地不明确的，由用人单位所在地的仲裁委员会管辖。

案件受理后，劳动合同履行地或者用人单位所在地发生变化的，不改变争议仲裁的管辖。

第 9 条　仲裁委员会发现已受理案件不属于其管辖范围的，应当移送至有管辖权的仲裁委员会，并书面通知当事人。

对上述移送案件，受移送的仲裁委员会应当依法受理。受移送的仲裁委员会认为移送的案件按照规定不属于其管辖，或者仲裁委员会之间因管辖争议协商不成的，应当报请共同的上一级仲裁委员会主管部门指定管辖。

第 10 条　当事人提出管辖异议的，应当在答辩期满前书面提出。仲裁委员会应当审查当事人提出的管辖异议，异议成立的，将案件移送至有管辖权的仲裁委员会并书面通知当事人；异议不成立的，应当书面决定驳回。

当事人逾期提出的，不影响仲裁程序的进行。

第 11 条　当事人申请回避，应当在案件开庭审理前提出，并说明理由。回避事由在案件开庭审理后知晓的，也可以在庭审辩论终结前提出。

当事人在庭审辩论终结后提出回避申请的，不影响仲裁程序的进行。

仲裁委员会应当在回避申请提出的三日内，以口头或者书面形式作出决定。以口头形式作出的，应当记入笔录。

第 12 条　仲裁员、记录人员是否回避，由仲裁委员会主任或者其委托的仲裁院负责人决定。仲裁委员会主任担任案件仲裁员是否回避，由仲裁委员会决定。

在回避决定作出前，被申请回避的人员应当暂停参与该案处理，但因案件需要采取紧急措施的除外。

第 13 条　当事人对自己提出的主张有责任提供证据。与争议事项有关的证据属于用人单位掌握管理的，用人单位应当提供；用人单位不提供的，应当承担不利后果。

第 14 条 法律没有具体规定、按照本规则第十三条规定无法确定举证责任承担的，仲裁庭可以根据公平原则和诚实信用原则，综合当事人举证能力等因素确定举证责任的承担。

第 15 条 承担举证责任的当事人应当在仲裁委员会指定的期限内提供有关证据。当事人在该期限内提供证据确有困难的，可以向仲裁委员会申请延长期限，仲裁委员会根据当事人的申请适当延长。当事人逾期提供证据的，仲裁委员会应当责令其说明理由；拒不说明理由或者理由不成立的，仲裁委员会可以根据不同情形不予采纳该证据，或者采纳该证据但予以训诫。

第 16 条 当事人因客观原因不能自行收集的证据，仲裁委员会可以根据当事人的申请，参照民事诉讼有关规定予以收集；仲裁委员会认为有必要的，也可以决定参照民事诉讼有关规定予以收集。

第 17 条 仲裁委员会依法调查取证时，有关单位和个人应当协助配合。

仲裁委员会调查取证时，不得少于两人，并应当向被调查对象出示工作证件和仲裁委员会出具的介绍信。

第 18 条 争议处理中涉及证据形式、证据提交、证据交换、证据质证、证据认定等事项，本规则未规定的，可以参照民事诉讼证据规则的有关规定执行。

第 19 条 仲裁期间包括法定期间和仲裁委员会指定期间。

仲裁期间的计算，本规则未规定的，仲裁委员会可以参照民事诉讼关于期间计算的有关规定执行。

第 20 条 仲裁委员会送达仲裁文书必须有送达回证，由受送达人在送达回证上记明收到日期，并签名或者盖章。受送达人在送达回证上的签收日期为送达日期。

因企业停业等原因导致无法送达且劳动者一方在十人以上的，或者受送达人拒绝签收仲裁文书的，通过在受送达人住所留置、张贴仲裁文书，并采用拍照、录像等方式记录的，自留置、张贴之日起经过三日即视为送达，不受本条第一款的限制。

仲裁文书的送达方式，本规则未规定的，仲裁委员会可以参照民事诉讼关于送达方式的有关规定执行。

第21条 案件处理终结后，仲裁委员会应当将处理过程中形成的全部材料立卷归档。

第22条 仲裁案卷分正卷和副卷装订。

正卷包括：仲裁申请书、受理（不予受理）通知书、答辩书、当事人及其他仲裁参加人的身份证明材料、授权委托书、调查证据、勘验笔录、当事人提供的证据材料、委托鉴定材料、开庭通知、庭审笔录、延期通知书、撤回仲裁申请书、调解书、裁决书、决定书、案件移送函、送达回证等。

副卷包括：立案审批表、延期审理审批表、中止审理审批表、调查提纲、阅卷笔录、会议笔录、评议记录、结案审批表等。

第23条 仲裁委员会应当建立案卷查阅制度。对案卷正卷材料，应当允许当事人及其代理人依法查阅、复制。

第24条 仲裁裁决结案的案卷，保存期不少于十年；仲裁调解和其他方式结案的案卷，保存期不少于五年；国家另有规定的，从其规定。

保存期满后的案卷，应当按照国家有关档案管理的规定处理。

第25条 在仲裁活动中涉及国家秘密或者军事秘密的，按照国家或者军队有关保密规定执行。

当事人协议不公开或者涉及商业秘密和个人隐私的，经相关当事人书面申请，仲裁委员会应当不公开审理。

第三章　仲裁程序

第一节　申请和受理

第 26 条　本规则第二条第（一）、（三）、（四）、（五）项规定的争议，申请仲裁的时效期间为一年。仲裁时效期间从当事人知道或者应当知道其权利被侵害之日起计算。

本规则第二条第（二）项规定的争议，申请仲裁的时效期间适用公务员法有关规定。

劳动人事关系存续期间因拖欠劳动报酬发生争议的，劳动者申请仲裁不受本条第一款规定的仲裁时效期间的限制；但是，劳动人事关系终止的，应当自劳动人事关系终止之日起一年内提出。

第 27 条　在申请仲裁的时效期间内，有下列情形之一的，仲裁时效中断：

（一）一方当事人通过协商、申请调解等方式向对方当事人主张权利的；

（二）一方当事人通过向有关部门投诉，向仲裁委员会申请仲裁，向人民法院起诉或者申请支付令等方式请求权利救济的；

（三）对方当事人同意履行义务的。

从中断时起，仲裁时效期间重新计算。

第 28 条　因不可抗力，或者有无民事行为能力或者限制民事行为能力劳动者的法定代理人未确定等其他正当理由，当事人不能在规定的仲裁时效期间申请仲裁的，仲裁时效中止。从中止时效的原因消除之日起，仲裁时效期间继续计算。

第 29 条　申请人申请仲裁应当提交书面仲裁申请，并按照被申请人人数提交副本。

仲裁申请书应当载明下列事项：

（一）劳动者的姓名、性别、出生日期、身份证件号码、住所、通讯地址和联系电话，用人单位的名称、住所、通讯地址、联系电话和法定代表人或者主要负责人的姓名、职务；

（二）仲裁请求和所根据的事实、理由；

（三）证据和证据来源，证人姓名和住所。

书写仲裁申请确有困难的，可以口头申请，由仲裁委员会记入笔录，经申请人签名、盖章或者捺印确认。

对于仲裁申请书不规范或者材料不齐备的，仲裁委员会应当当场或者在五日内一次性告知申请人需要补正的全部材料。

仲裁委员会收取当事人提交的材料应当出具收件回执。

第 30 条 仲裁委员会对符合下列条件的仲裁申请应当予以受理，并在收到仲裁申请之日起五日内向申请人出具受理通知书：

（一）属于本规则第二条规定的争议范围；

（二）有明确的仲裁请求和事实理由；

（三）申请人是与本案有直接利害关系的自然人、法人或者其他组织，有明确的被申请人；

（四）属于本仲裁委员会管辖范围。

第 31 条 对不符合本规则第三十条第（一）、（二）、（三）项规定之一的仲裁申请，仲裁委员会不予受理，并在收到仲裁申请之日起五日内向申请人出具不予受理通知书；对不符合本规则第三十条第（四）项规定的仲裁申请，仲裁委员会应当在收到仲裁申请之日起五日内，向申请人作出书面说明并告知申请人向有管辖权的仲裁委员会申请仲裁。

对仲裁委员会逾期未作出决定或者决定不予受理的，申请人可以就该争议事项向人民法院提起诉讼。

第 32 条 仲裁委员会受理案件后，发现不应当受理的，除本规则第九条规定外，应当撤销案件，并自决定撤销案件后五日内，以决定书的形式通知当事人。

第 33 条 仲裁委员会受理仲裁申请后，应当在五日内将仲裁申请书副本送达被申请人。

被申请人收到仲裁申请书副本后，应当在十日内向仲裁委员会提交答辩书。仲裁委员会收到答辩书后，应当在五日内将答辩书副本送达申请人。被申请人逾期未提交答辩书的，不影响仲裁程序的进行。

第 34 条 符合下列情形之一，申请人基于同一事实、理由和仲裁请求又申请仲裁的，仲裁委员会不予受理：

（一）仲裁委员会已经依法出具不予受理通知书的；

（二）案件已在仲裁、诉讼过程中或者调解书、裁决书、判决书已经发生法律效力的。

第 35 条 仲裁处理结果作出前，申请人可以自行撤回仲裁申请。申请人再次申请仲裁的，仲裁委员会应当受理。

第 36 条 被申请人可以在答辩期间提出反申请，仲裁委员会应当自收到被申请人反申请之日起五日内决定是否受理并通知被申请人。

决定受理的，仲裁委员会可以将反申请和申请合并处理。

反申请应当另行申请仲裁的，仲裁委员会应当书面告知被申请人另行申请仲裁；反申请不属于本规则规定应当受理的，仲裁委员会应当向被申请人出具不予受理通知书。

被申请人答辩期满后对申请人提出反申请的，应当另行申请仲裁。

第二节 开庭和裁决

第 37 条 仲裁委员会应当在受理仲裁申请之日起五日内组成仲裁庭并将仲裁庭的组成情况书面通知当事人。

第 38 条 仲裁庭应当在开庭五日前，将开庭日期、地点书面通知双方当事人。当事人有正当理由的，可以在开庭三日前请求延期开庭。是否延期，由仲裁委员会根据实际情况决定。

第 39 条 申请人收到书面开庭通知，无正当理由拒不到庭或者未经仲裁庭同意中途退庭的，可以按撤回仲裁申请处理；申请人重新申请仲裁的，仲裁委员会不予受理。被申请人收到书面开庭通知，无正当理由拒不到庭或者未经仲裁庭同意中途退庭的，仲裁庭可以继续开庭审理，并缺席裁决。

第 40 条　当事人申请鉴定的，鉴定费由申请鉴定方先行垫付，案件处理终结后，由鉴定结果对其不利方负担。鉴定结果不明确的，由申请鉴定方负担。

第 41 条　开庭审理前，记录人员应当查明当事人和其他仲裁参与人是否到庭，宣布仲裁庭纪律。

开庭审理时，由仲裁员宣布开庭、案由和仲裁员、记录人员名单，核对当事人，告知当事人有关的权利义务，询问当事人是否提出回避申请。

开庭审理中，仲裁员应当听取申请人的陈述和被申请人的答辩，主持庭审调查、质证和辩论、征询当事人最后意见，并进行调解。

第 42 条　仲裁庭应当将开庭情况记入笔录。当事人或者其他仲裁参与人认为对自己陈述的记录有遗漏或者差错的，有权当庭申请补正。仲裁庭认为申请无理由或者无必要的，可以不予补正，但是应当记录该申请。

仲裁员、记录人员、当事人和其他仲裁参与人应当在庭审笔录上签名或者盖章。当事人或者其他仲裁参与人拒绝在庭审笔录上签名或者盖章的，仲裁庭应当记明情况附卷。

第 43 条　仲裁参与人和其他人应当遵守仲裁庭纪律，不得有下列行为：

（一）未经准许进行录音、录像、摄影；

（二）未经准许以移动通信等方式现场传播庭审活动；

（三）其他扰乱仲裁庭秩序、妨害审理活动进行的行为。

仲裁参与人或者其他人有前款规定的情形之一的，仲裁庭可以训诫、责令退出仲裁庭，也可以暂扣进行录音、录像、摄影、传播庭审活动的器材，并责令其删除有关内容。拒不删除的，可以采取必要手段强制删除，并将上述事实记入庭审笔录。

第 44 条　申请人在举证期限届满前可以提出增加或者变更仲裁请求；仲裁庭对申请人增加或者变更的仲裁请求审查后认为应当受理的，应当通知被申请人并给予答辩期，被申请人明确表示放弃答辩期的除外。

申请人在举证期限届满后提出增加或者变更仲裁请求的，应当另行申请仲裁。

第 45 条　仲裁庭裁决案件，应当自仲裁委员会受理仲裁申请之日起四十五日内结束。案情复杂需要延期的，经仲裁委员会主任或者其委托的仲裁院负责人书面批准，可以延期并书面通知当事人，但延长期限不得超过十五日。

第 46 条　有下列情形的，仲裁期限按照下列规定计算：

（一）仲裁庭追加当事人或者第三人的，仲裁期限从决定追加之日起重新计算；

（二）申请人需要补正材料的，仲裁委员会收到仲裁申请的时间从材料补正之日起重新计算；

（三）增加、变更仲裁请求的，仲裁期限从受理增加、变更仲裁请求之日起重新计算；

（四）仲裁申请和反申请合并处理的，仲裁期限从受理反申请之日起重新计算；

（五）案件移送管辖的，仲裁期限从接受移送之日起重新计算；

（六）中止审理期间、公告送达期间不计入仲裁期限内；

（七）法律、法规规定应当另行计算的其他情形。

第 47 条　有下列情形之一的，经仲裁委员会主任或者其委托的仲裁院负责人批准，可以中止案件审理，并书面通知当事人：

（一）劳动者一方当事人死亡，需要等待继承人表明是否参加仲裁的；

（二）劳动者一方当事人丧失民事行为能力，尚未确定法定代理人参加仲裁的；

（三）用人单位终止，尚未确定权利义务承继者的；

（四）一方当事人因不可抗拒的事由，不能参加仲裁的；

（五）案件审理需要以其他案件的审理结果为依据，且其他案件尚未审结的；

（六）案件处理需要等待工伤认定、伤残等级鉴定以及其他鉴定结论的；

（七）其他应当中止仲裁审理的情形。

中止审理的情形消除后，仲裁庭应当恢复审理。

第 48 条　当事人因仲裁庭逾期未作出仲裁裁决而向人民法院提起诉讼并立案受理的，仲裁委员会应当决定该案件终止审理；当事人未就该争议事项向人民法院提起诉讼的，仲裁委员会应当继续处理。

第 49 条　仲裁庭裁决案件时，其中一部分事实已经清楚的，可以就该部分先行裁决。当事人对先行裁决不服的，可以按照调解仲裁法有关规定处理。

第 50 条　仲裁庭裁决案件时，申请人根据调解仲裁法第四十七条第（一）项规定，追索劳动报酬、工伤医疗费、经济补偿或者赔偿金，如果仲裁裁决涉及数项，对单项裁决数额不超过当地月最低工资标准十二个月金额的事项，应当适用终局裁决。

前款经济补偿包括《中华人民共和国劳动合同法》（以下简称劳动合同法）规定的竞业限制期限内给予的经济补偿、解除或者终止劳动合同的经济补偿等；赔偿金包括劳动合同法规定的未签订书面劳动合同第二倍工资、违法约定试用期的赔偿金、违法解除或者终止劳动合同的赔偿金等。

根据调解仲裁法第四十七条第（二）项的规定，因执行国家的劳动标准在工作时间、休息休假、社会保险等方面发生的争议，应当适用终局裁决。

仲裁庭裁决案件时，裁决内容同时涉及终局裁决和非终局裁决的，应当分别制作裁决书，并告知当事人相应的救济权利。

第 51 条 仲裁庭对追索劳动报酬、工伤医疗费、经济补偿或者赔偿金的案件，根据当事人的申请，可以裁决先予执行，移送人民法院执行。

仲裁庭裁决先予执行的，应当符合下列条件：

（一）当事人之间权利义务关系明确；

（二）不先予执行将严重影响申请人的生活。

劳动者申请先予执行的，可以不提供担保。

第 52 条 裁决应当按照多数仲裁员的意见作出，少数仲裁员的不同意见应当记入笔录。仲裁庭不能形成多数意见时，裁决应当按照首席仲裁员的意见作出。

第 53 条 裁决书应当载明仲裁请求、争议事实、裁决理由、裁决结果、当事人权利和裁决日期。裁决书由仲裁员签名，加盖仲裁委员会印章。对裁决持不同意见的仲裁员，可以签名，也可以不签名。

第 54 条 对裁决书中的文字、计算错误或者仲裁庭已经裁决但在裁决书中遗漏的事项，仲裁庭应当及时制作决定书予以补正并送达当事人。

第 55 条 当事人对裁决不服向人民法院提起诉讼的，按照调解仲裁法有关规定处理。

第三节 简易处理

第 56 条 争议案件符合下列情形之一的，可以简易处理：

（一）事实清楚、权利义务关系明确、争议不大的；

（二）标的额不超过本省、自治区、直辖市上年度职工年平均工资的；

（三）双方当事人同意简易处理的。

仲裁委员会决定简易处理的，可以指定一名仲裁员独任仲裁，并应当告知当事人。

第 57 条　争议案件有下列情形之一的，不得简易处理：

（一）涉及国家利益、社会公共利益的；

（二）有重大社会影响的；

（三）被申请人下落不明的；

（四）仲裁委员会认为不宜简易处理的。

第 58 条　简易处理的案件，经与被申请人协商同意，仲裁庭可以缩短或者取消答辩期。

第 59 条　简易处理的案件，仲裁庭可以用电话、短信、传真、电子邮件等简便方式送达仲裁文书，但送达调解书、裁决书除外。

以简便方式送达的开庭通知，未经当事人确认或者没有其他证据证明当事人已经收到的，仲裁庭不得按撤回仲裁申请处理或者缺席裁决。

第 60 条　简易处理的案件，仲裁庭可以根据案件情况确定举证期限、开庭日期、审理程序、文书制作等事项，但应当保障当事人陈述意见的权利。

第 61 条　仲裁庭在审理过程中，发现案件不宜简易处理的，应当在仲裁期限届满前决定转为按照一般程序处理，并告知当事人。

案件转为按照一般程序处理的，仲裁期限自仲裁委员会受理仲裁申请之日起计算，双方当事人已经确认的事实，可以不再进行举证、质证。

第四节　集体劳动人事争议处理

第 62 条　处理劳动者一方在十人以上并有共同请求的争议案件，或者因履行集体合同发生的劳动争议案件，适用本节规定。

符合本规则第五十六条第一款规定情形之一的集体劳动人事

争议案件，可以简易处理，不受本节规定的限制。

第63条　发生劳动者一方在十人以上并有共同请求的争议的，劳动者可以推举三至五名代表参加仲裁活动。代表人参加仲裁的行为对其所代表的当事人发生效力，但代表人变更、放弃仲裁请求或者承认对方当事人的仲裁请求，进行和解，必须经被代表的当事人同意。

因履行集体合同发生的劳动争议，经协商解决不成的，工会可以依法申请仲裁；尚未建立工会的，由上级工会指导劳动者推举产生的代表依法申请仲裁。

第64条　仲裁委员会应当自收到当事人集体劳动人事争议仲裁申请之日起五日内作出受理或者不予受理的决定。决定受理的，应当自受理之日起五日内将仲裁庭组成人员、答辩期限、举证期限、开庭日期和地点等事项一次性通知当事人。

第65条　仲裁委员会处理集体劳动人事争议案件，应当由三名仲裁员组成仲裁庭，设首席仲裁员。

仲裁委员会处理因履行集体合同发生的劳动争议，应当按照三方原则组成仲裁庭处理。

第66条　仲裁庭处理集体劳动人事争议，开庭前应当引导当事人自行协商，或者先行调解。

仲裁庭处理集体劳动人事争议案件，可以邀请法律工作者、律师、专家学者等第三方共同参与调解。

协商或者调解未能达成协议的，仲裁庭应当及时裁决。

第67条　仲裁庭开庭场所可以设在发生争议的用人单位或者其他便于及时处理争议的地点。

第四章　调解程序

第一节　仲裁调解

第68条　仲裁委员会处理争议案件，应当坚持调解优先，引导当事人通过协商、调解方式解决争议，给予必要的法律释明以及风险提示。

第69条　对未经调解、当事人直接申请仲裁的争议，仲裁委员会可以向当事人发出调解建议书，引导其到调解组织进行调解。当事人同意先行调解的，应当暂缓受理；当事人不同意先行调解的，应当依法受理。

第70条　开庭之前，经双方当事人同意，仲裁庭可以委托调解组织或者其他具有调解能力的组织、个人进行调解。

自当事人同意之日起十日内未达成调解协议的，应当开庭审理。

第71条　仲裁庭审理争议案件时，应当进行调解。必要时可以邀请有关单位、组织或者个人参与调解。

第72条　仲裁调解达成协议的，仲裁庭应当制作调解书。

调解书应当写明仲裁请求和当事人协议的结果。调解书由仲裁员签名，加盖仲裁委员会印章，送达双方当事人。调解书经双方当事人签收后，发生法律效力。

调解不成或者调解书送达前，一方当事人反悔的，仲裁庭应当及时作出裁决。

第73条　当事人就部分仲裁请求达成调解协议的，仲裁庭可以就该部分先行出具调解书。

第二节　调解协议的仲裁审查

第74条　经调解组织调解达成调解协议的，双方当事人可以自调解协议生效之日起十五日内，共同向有管辖权的仲裁委员会提出仲裁审查申请。

当事人申请审查调解协议，应当向仲裁委员会提交仲裁审查申请书、调解协议和身份证明、资格证明以及其他与调解协议相关的证明材料，并提供双方当事人的送达地址、电话号码等联系方式。

第75条　仲裁委员会收到当事人仲裁审查申请，应当及时决定是否受理。决定受理的，应当出具受理通知书。

有下列情形之一的，仲裁委员会不予受理：

（一）不属于仲裁委员会受理争议范围的；

（二）不属于本仲裁委员会管辖的；

（三）超出规定的仲裁审查申请期间的；

（四）确认劳动关系的；

（五）调解协议已经人民法院司法确认的。

第 76 条　仲裁委员会审查调解协议，应当自受理仲裁审查申请之日起五日内结束。因特殊情况需要延期的，经仲裁委员会主任或者其委托的仲裁院负责人批准，可以延长五日。

调解书送达前，一方或者双方当事人撤回仲裁审查申请的，仲裁委员会应当准许。

第 77 条　仲裁委员会受理仲裁审查申请后，应当指定仲裁员对调解协议进行审查。

仲裁委员会经审查认为调解协议的形式和内容合法有效的，应当制作调解书。调解书的内容应当与调解协议的内容相一致。调解书经双方当事人签收后，发生法律效力。

第 78 条　调解协议具有下列情形之一的，仲裁委员会不予制作调解书：

（一）违反法律、行政法规强制性规定的；

（二）损害国家利益、社会公共利益或者公民、法人、其他组织合法权益的；

（三）当事人提供证据材料有弄虚作假嫌疑的；

（四）违反自愿原则的；

（五）内容不明确的；

（六）其他不能制作调解书的情形。

仲裁委员会决定不予制作调解书的，应当书面通知当事人。

第 79 条　当事人撤回仲裁审查申请或者仲裁委员会决定不

予制作调解书的，应当终止仲裁审查。

第五章　附　　则

第80条　本规则规定的“三日”、“五日”、“十日”指工作日，“十五日”、“四十五日”指自然日。

第81条　本规则自2017年7月1日起施行。2009年1月1日人力资源社会保障部公布的《劳动人事争议仲裁办案规则》（人力资源和社会保障部令第2号）同时废止。

第十九条　劳动争议仲裁委员会的组成与职责

劳动争议仲裁委员会由劳动行政部门代表、工会代表和企业方面代表组成。劳动争议仲裁委员会组成人员应当是单数。

劳动争议仲裁委员会依法履行下列职责：

（一）聘任、解聘专职或者兼职仲裁员；

（二）受理劳动争议案件；

（三）讨论重大或者疑难的劳动争议案件；

（四）对仲裁活动进行监督。

劳动争议仲裁委员会下设办事机构，负责办理劳动争议仲裁委员会的日常工作。

● 部门规章及文件

《劳动人事争议仲裁组织规则》（2017年5月8日）

第10条　仲裁委员会的经费依法由财政予以保障。仲裁经费包括人员经费、公用经费、仲裁专项经费等。

仲裁院可以通过政府购买服务等方式聘用记录人员、安保人员等办案辅助人员。

第二十条 仲裁员

劳动争议仲裁委员会应当设仲裁员名册。

仲裁员应当公道正派并符合下列条件之一：

（一）曾任审判员的；

（二）从事法律研究、教学工作并具有中级以上职称的；

（三）具有法律知识、从事人力资源管理或者工会等专业工作满五年的；

（四）律师执业满三年的。

● 法 律

1.**《劳动争议调解仲裁法》**（2007年12月29日）

第33条 仲裁员有下列情形之一，应当回避，当事人也有权以口头或者书面方式提出回避申请：

（一）是本案当事人或者当事人、代理人的近亲属的；

（二）与本案有利害关系的；

（三）与本案当事人、代理人有其他关系，可能影响公正裁决的；

（四）私自会见当事人、代理人，或者接受当事人、代理人的请客送礼的。

劳动争议仲裁委员会对回避申请应当及时作出决定，并以口头或者书面方式通知当事人。

第34条 仲裁员有本法第三十三条第四项规定情形，或者有索贿受贿、徇私舞弊、枉法裁决行为的，应当依法承担法律责任。劳动争议仲裁委员会应当将其解聘。

● 部门规章及文件

2.**《劳动人事争议仲裁组织规则》**（2017年5月8日）

第21条 仲裁员应当履行以下义务：

（一）依法处理争议案件；

（二）维护国家利益和公共利益，保护当事人合法权益；

（三）严格执行廉政规定，恪守职业道德；

（四）自觉接受监督；

（五）法律、法规规定的其他义务。

第二十一条 劳动争议仲裁案件的管辖

劳动争议仲裁委员会负责管辖本区域内发生的劳动争议。

劳动争议由劳动合同履行地或者用人单位所在地的劳动争议仲裁委员会管辖。双方当事人分别向劳动合同履行地和用人单位所在地的劳动争议仲裁委员会申请仲裁的，由劳动合同履行地的劳动争议仲裁委员会管辖。

部门规章及文件

《劳动人事争议仲裁办案规则》（2017 年 5 月 8 日）

第 8 条 劳动合同履行地为劳动者实际工作场所地，用人单位所在地为用人单位注册、登记地或者主要办事机构所在地。用人单位未经注册、登记的，其出资人、开办单位或者主管部门所在地为用人单位所在地。

双方当事人分别向劳动合同履行地和用人单位所在地的仲裁委员会申请仲裁的，由劳动合同履行地的仲裁委员会管辖。有多个劳动合同履行地的，由最先受理的仲裁委员会管辖。劳动合同履行地不明确的，由用人单位所在地的仲裁委员会管辖。

案件受理后，劳动合同履行地或者用人单位所在地发生变化的，不改变争议仲裁的管辖。

第二十二条 劳动争议仲裁案件的当事人

发生劳动争议的劳动者和用人单位为劳动争议仲裁案件的双方当事人。

劳务派遣单位或者用工单位与劳动者发生劳动争议的，劳务派遣单位和用工单位为共同当事人。

● 法　律

1. **《劳动合同法》**（2012年12月28日）

第33条　用人单位变更名称、法定代表人、主要负责人或者投资人等事项，不影响劳动合同的履行。

第34条　用人单位发生合并或者分立等情况，原劳动合同继续有效，劳动合同由承继其权利和义务的用人单位继续履行。

第92条　违反本法规定，未经许可，擅自经营劳务派遣业务的，由劳动行政部门责令停止违法行为，没收违法所得，并处违法所得一倍以上五倍以下的罚款；没有违法所得的，可以处五万元以下的罚款。

劳务派遣单位、用工单位违反本法有关劳务派遣规定的，由劳动行政部门责令限期改正；逾期不改正的，以每人五千元以上一万元以下的标准处以罚款，对劳务派遣单位，吊销其劳务派遣业务经营许可证。用工单位给被派遣劳动者造成损害的，劳务派遣单位与用工单位承担连带赔偿责任。

2. **《劳动争议调解仲裁法》**（2007年12月29日）

第25条　丧失或者部分丧失民事行为能力的劳动者，由其法定代理人代为参加仲裁活动；无法定代理人的，由劳动争议仲裁委员会为其指定代理人。劳动者死亡的，由其近亲属或者代理人参加仲裁活动。

● 部门规章及文件

3. **《劳动人事争议仲裁办案规则》**（2017年5月8日）

第6条　发生争议的用人单位未办理营业执照、被吊销营业执照、营业执照到期继续经营、被责令关闭、被撤销以及用人单位解散、歇业，不能承担相关责任的，应当将用人单位和其出资人、开办单位或者主管部门作为共同当事人。

第7条 劳动者与个人承包经营者发生争议，依法向仲裁委员会申请仲裁的，应当将发包的组织和个人承包经营者作为共同当事人。

● 司法解释及文件

4.《最高人民法院关于审理劳动争议案件适用法律问题的解释（一）》（2020年12月29日）

第26条 用人单位与其它单位合并的，合并前发生的劳动争议，由合并后的单位为当事人；用人单位分立为若干单位的，其分立前发生的劳动争议，由分立后的实际用人单位为当事人。

用人单位分立为若干单位后，具体承受劳动权利义务的单位不明确的，分立后的单位均为当事人。

第27条 用人单位招用尚未解除劳动合同的劳动者，原用人单位与劳动者发生的劳动争议，可以列新的用人单位为第三人。

原用人单位以新的用人单位侵权为由提起诉讼的，可以列劳动者为第三人。

原用人单位以新的用人单位和劳动者共同侵权为由提起诉讼的，新的用人单位和劳动者列为共同被告。

第28条 劳动者在用人单位与其他平等主体之间的承包经营期间，与发包方和承包方双方或者一方发生劳动争议，依法提起诉讼的，应当将承包方和发包方作为当事人。

第29条 劳动者与未办理营业执照、营业执照被吊销或者营业期限届满仍继续经营的用人单位发生争议的，应当将用人单位或者其出资人列为当事人。

第30条 未办理营业执照、营业执照被吊销或者营业期限届满仍继续经营的用人单位，以挂靠等方式借用他人营业执照经营的，应当将用人单位和营业执照出借方列为当事人。

第 31 条 当事人不服劳动争议仲裁机构作出的仲裁裁决，依法提起诉讼，人民法院审查认为仲裁裁决遗漏了必须共同参加仲裁的当事人的，应当依法追加遗漏的人为诉讼当事人。

被追加的当事人应当承担责任的，人民法院应当一并处理。

第二十三条 有利害关系的第三人

与劳动争议案件的处理结果有利害关系的第三人，可以申请参加仲裁活动或者由劳动争议仲裁委员会通知其参加仲裁活动。

● 法 律

《劳动合同法》（2012 年 12 月 28 日）

第 91 条 用人单位招用与其他用人单位尚未解除或者终止劳动合同的劳动者，给其他用人单位造成损失的，应当承担连带赔偿责任。

第二十四条 委托代理人参加仲裁活动

当事人可以委托代理人参加仲裁活动。委托他人参加仲裁活动，应当向劳动争议仲裁委员会提交有委托人签名或者盖章的委托书，委托书应当载明委托事项和权限。

● 法 律

1. **《民事诉讼法》**（2021 年 12 月 24 日）

第 60 条 无诉讼行为能力人由他的监护人作为法定代理人代为诉讼。法定代理人之间互相推诿代理责任的，由人民法院指定其中一人代为诉讼。

第 61 条 当事人、法定代理人可以委托一至二人作为诉讼代理人。

下列人员可以被委托为诉讼代理人：

（一）律师、基层法律服务工作者；

（二）当事人的近亲属或者工作人员；

（三）当事人所在社区、单位以及有关社会团体推荐的公民。

第62条 委托他人代为诉讼，必须向人民法院提交由委托人签名或者盖章的授权委托书。

授权委托书必须记明委托事项和权限。诉讼代理人代为承认、放弃、变更诉讼请求，进行和解，提起反诉或者上诉，必须有委托人的特别授权。

侨居在国外的中华人民共和国公民从国外寄交或者托交的授权委托书，必须经中华人民共和国驻该国的使领馆证明；没有使领馆的，由与中华人民共和国有外交关系的第三国驻该国的使领馆证明，再转由中华人民共和国驻该第三国使领馆证明，或者由当地的爱国华侨团体证明。

第63条 诉讼代理人的权限如果变更或者解除，当事人应当书面告知人民法院，并由人民法院通知对方当事人。

第64条 代理诉讼的律师和其他诉讼代理人有权调查收集证据，可以查阅本案有关材料。查阅本案有关材料的范围和办法由最高人民法院规定。

第65条 离婚案件有诉讼代理人的，本人除不能表达意思的以外，仍应出庭；确因特殊情况无法出庭的，必须向人民法院提交书面意见。

2. **《民法典》**（2020年5月28日）

第161条 民事主体可以通过代理人实施民事法律行为。

依照法律规定、当事人约定或者民事法律行为的性质，应当由本人亲自实施的民事法律行为，不得代理。

第162条 代理人在代理权限内，以被代理人名义实施的民事法律行为，对被代理人发生效力。

第 163 条 代理包括委托代理和法定代理。

委托代理人按照被代理人的委托行使代理权。法定代理人依照法律的规定行使代理权。

第 164 条 代理人不履行或者不完全履行职责，造成被代理人损害的，应当承担民事责任。

代理人和相对人恶意串通，损害被代理人合法权益的，代理人和相对人应当承担连带责任。

第二节 委托代理

第 165 条 委托代理授权采用书面形式的，授权委托书应当载明代理人的姓名或者名称、代理事项、权限和期限，并由被代理人签名或者盖章。

第 166 条 数人为同一代理事项的代理人的，应当共同行使代理权，但是当事人另有约定的除外。

第 167 条 代理人知道或者应当知道代理事项违法仍然实施代理行为，或者被代理人知道或者应当知道代理人的代理行为违法未作反对表示的，被代理人和代理人应当承担连带责任。

第 168 条 代理人不得以被代理人的名义与自己实施民事法律行为，但是被代理人同意或者追认的除外。

代理人不得以被代理人的名义与自己同时代理的其他人实施民事法律行为，但是被代理的双方同意或者追认的除外。

第 169 条 代理人需要转委托第三人代理的，应当取得被代理人的同意或者追认。

转委托代理经被代理人同意或者追认的，被代理人可以就代理事务直接指示转委托的第三人，代理人仅就第三人的选任以及对第三人的指示承担责任。

转委托代理未经被代理人同意或者追认的，代理人应当对转委托的第三人的行为承担责任；但是，在紧急情况下代理人为了维护被代理人的利益需要转委托第三人代理的除外。

第 170 条　执行法人或者非法人组织工作任务的人员，就其职权范围内的事项，以法人或者非法人组织的名义实施的民事法律行为，对法人或者非法人组织发生效力。

法人或者非法人组织对执行其工作任务的人员职权范围的限制，不得对抗善意相对人。

第 171 条　行为人没有代理权、超越代理权或者代理权终止后，仍然实施代理行为，未经被代理人追认的，对被代理人不发生效力。

相对人可以催告被代理人自收到通知之日起三十日内予以追认。被代理人未作表示的，视为拒绝追认。行为人实施的行为被追认前，善意相对人有撤销的权利。撤销应当以通知的方式作出。

行为人实施的行为未被追认的，善意相对人有权请求行为人履行债务或者就其受到的损害请求行为人赔偿。但是，赔偿的范围不得超过被代理人追认时相对人所能获得的利益。

相对人知道或者应当知道行为人无权代理的，相对人和行为人按照各自的过错承担责任。

第 172 条　行为人没有代理权、超越代理权或者代理权终止后，仍然实施代理行为，相对人有理由相信行为人有代理权的，代理行为有效。

第三节　代 理 终 止

第 173 条　有下列情形之一的，委托代理终止：

（一）代理期限届满或者代理事务完成；

（二）被代理人取消委托或者代理人辞去委托；

（三）代理人丧失民事行为能力；

（四）代理人或者被代理人死亡；

（五）作为代理人或者被代理人的法人、非法人组织终止。

第 174 条　被代理人死亡后，有下列情形之一的，委托代理人实施的代理行为有效：

（一）代理人不知道且不应当知道被代理人死亡；

（二）被代理人的继承人予以承认；

（三）授权中明确代理权在代理事务完成时终止；

（四）被代理人死亡前已经实施，为了被代理人的继承人的利益继续代理。

作为被代理人的法人、非法人组织终止的，参照适用前款规定。

第175条　有下列情形之一的，法定代理终止：

（一）被代理人取得或者恢复完全民事行为能力；

（二）代理人丧失民事行为能力；

（三）代理人或者被代理人死亡；

（四）法律规定的其他情形。

第二十五条　法定代理人、指定代理人或近亲属参加仲裁的情形

丧失或者部分丧失民事行为能力的劳动者，由其法定代理人代为参加仲裁活动；无法定代理人的，由劳动争议仲裁委员会为其指定代理人。劳动者死亡的，由其近亲属或者代理人参加仲裁活动。

● 法　律

1. **《民事诉讼法》**（2021年12月24日）

第60条　无诉讼行为能力人由他的监护人作为法定代理人代为诉讼。法定代理人之间互相推诿代理责任的，由人民法院指定其中一人代为诉讼。

2. **《民法典》**（2020年5月28日）

第21条　不能辨认自己行为的成年人为无民事行为能力人，

由其法定代理人代理实施民事法律行为。

八周岁以上的未成年人不能辨认自己行为的，适用前款规定。

第 22 条 不能完全辨认自己行为的成年人为限制民事行为能力人，实施民事法律行为由其法定代理人代理或者经其法定代理人同意、追认；但是，可以独立实施纯获利益的民事法律行为或者与其智力、精神健康状况相适应的民事法律行为。

第 23 条 无民事行为能力人、限制民事行为能力人的监护人是其法定代理人。

第 24 条 不能辨认或者不能完全辨认自己行为的成年人，其利害关系人或者有关组织，可以向人民法院申请认定该成年人为无民事行为能力人或者限制民事行为能力人。

被人民法院认定为无民事行为能力人或者限制民事行为能力人的，经本人、利害关系人或者有关组织申请，人民法院可以根据其智力、精神健康恢复的状况，认定该成年人恢复为限制民事行为能力人或者完全民事行为能力人。

本条规定的有关组织包括：居民委员会、村民委员会、学校、医疗机构、妇女联合会、残疾人联合会、依法设立的老年人组织、民政部门等。

第 25 条 自然人以户籍登记或者其他有效身份登记记载的居所为住所；经常居所与住所不一致的，经常居所视为住所。

第二节 监 护

第 26 条 父母对未成年子女负有抚养、教育和保护的义务。

成年子女对父母负有赡养、扶助和保护的义务。

第 27 条 父母是未成年子女的监护人。

未成年人的父母已经死亡或者没有监护能力的，由下列有监护能力的人按顺序担任监护人：

（一）祖父母、外祖父母；

（二）兄、姐；

（三）其他愿意担任监护人的个人或者组织，但是须经未成年人住所地的居民委员会、村民委员会或者民政部门同意。

第28条 无民事行为能力或者限制民事行为能力的成年人，由下列有监护能力的人按顺序担任监护人：

（一）配偶；

（二）父母、子女；

（三）其他近亲属；

（四）其他愿意担任监护人的个人或者组织，但是须经被监护人住所地的居民委员会、村民委员会或者民政部门同意。

第175条 有下列情形之一的，法定代理终止：

（一）被代理人取得或者恢复完全民事行为能力；

（二）代理人丧失民事行为能力；

（三）代理人或者被代理人死亡；

（四）法律规定的其他情形。

第二十六条 仲裁公开原则及例外

劳动争议仲裁公开进行，但当事人协议不公开进行或者涉及国家秘密、商业秘密和个人隐私的除外。

法 律

1. **《保守国家秘密法》**（2010年4月29日）

第9条 下列涉及国家安全和利益的事项，泄露后可能损害国家在政治、经济、国防、外交等领域的安全和利益的，应当确定为国家秘密：

（一）国家事务重大决策中的秘密事项；

（二）国防建设和武装力量活动中的秘密事项；

（三）外交和外事活动中的秘密事项以及对外承担保密义务的秘密事项；

（四）国民经济和社会发展中的秘密事项；

（五）科学技术中的秘密事项；

（六）维护国家安全活动和追查刑事犯罪中的秘密事项；

（七）经国家保密行政管理部门确定的其他秘密事项。

政党的秘密事项中符合前款规定的，属于国家秘密。

第 10 条 国家秘密的密级分为绝密、机密、秘密三级。

绝密级国家秘密是最重要的国家秘密，泄露会使国家安全和利益遭受特别严重的损害；机密级国家秘密是重要的国家秘密，泄露会使国家安全和利益遭受严重的损害；秘密级国家秘密是一般的国家秘密，泄露会使国家安全和利益遭受损害。

2. **《反不正当竞争法》**（2019 年 4 月 23 日）

第 9 条 经营者不得实施下列侵犯商业秘密的行为：

（一）以盗窃、贿赂、欺诈、胁迫、电子侵入或者其他不正当手段获取权利人的商业秘密；

（二）披露、使用或者允许他人使用以前项手段获取的权利人的商业秘密；

（三）违反保密义务或者违反权利人有关保守商业秘密的要求，披露、使用或者允许他人使用其所掌握的商业秘密；

（四）教唆、引诱、帮助他人违反保密义务或者违反权利人有关保守商业秘密的要求，获取、披露、使用或者允许他人使用权利人的商业秘密。

经营者以外的其他自然人、法人和非法人组织实施前款所列违法行为的，视为侵犯商业秘密。

第三人明知或者应知商业秘密权利人的员工、前员工或者其他单位、个人实施本条第一款所列违法行为，仍获取、披露、使用或者允许他人使用该商业秘密的，视为侵犯商业秘密。

本法所称的商业秘密，是指不为公众所知悉、具有商业价值并经权利人采取相应保密措施的技术信息、经营信息等商业信息。

第二节　申请和受理

第二十七条　仲裁时效

劳动争议申请仲裁的时效期间为一年。仲裁时效期间从当事人知道或者应当知道其权利被侵害之日起计算。

前款规定的仲裁时效，因当事人一方向对方当事人主张权利，或者向有关部门请求权利救济，或者对方当事人同意履行义务而中断。从中断时起，仲裁时效期间重新计算。

因不可抗力或者有其他正当理由，当事人不能在本条第一款规定的仲裁时效期间申请仲裁的，仲裁时效中止。从中止时效的原因消除之日起，仲裁时效期间继续计算。

劳动关系存续期间因拖欠劳动报酬发生争议的，劳动者申请仲裁不受本条第一款规定的仲裁时效期间的限制；但是，劳动关系终止的，应当自劳动关系终止之日起一年内提出。

● 法　律

1. **《民法典》**（2020 年 5 月 28 日）

第 188 条　向人民法院请求保护民事权利的诉讼时效期间为三年。法律另有规定的，依照其规定。

诉讼时效期间自权利人知道或者应当知道权利受到损害以及义务人之日起计算。法律另有规定的，依照其规定。但是，自权利受到损害之日起超过二十年的，人民法院不予保护，有特殊情况的，人民法院可以根据权利人的申请决定延长。

第 189 条　当事人约定同一债务分期履行的，诉讼时效期间自最后一期履行期限届满之日起计算。

第 190 条　无民事行为能力人或者限制民事行为能力人对其法定代理人的请求权的诉讼时效期间，自该法定代理终止之日起计算。

第 191 条　未成年人遭受性侵害的损害赔偿请求权的诉讼时效期间，自受害人年满十八周岁之日起计算。

第 192 条　诉讼时效期间届满的，义务人可以提出不履行义务的抗辩。

诉讼时效期间届满后，义务人同意履行的，不得以诉讼时效期间届满为由抗辩；义务人已经自愿履行的，不得请求返还。

第 193 条　人民法院不得主动适用诉讼时效的规定。

第 194 条　在诉讼时效期间的最后六个月内，因下列障碍，不能行使请求权的，诉讼时效中止：

（一）不可抗力；

（二）无民事行为能力人或者限制民事行为能力人没有法定代理人，或者法定代理人死亡、丧失民事行为能力、丧失代理权；

（三）继承开始后未确定继承人或者遗产管理人；

（四）权利人被义务人或者其他人控制；

（五）其他导致权利人不能行使请求权的障碍。

自中止时效的原因消除之日起满六个月，诉讼时效期间届满。

第 195 条　有下列情形之一的，诉讼时效中断，从中断、有关程序终结时起，诉讼时效期间重新计算：

（一）权利人向义务人提出履行请求；

（二）义务人同意履行义务；

（三）权利人提起诉讼或者申请仲裁；

（四）与提起诉讼或者申请仲裁具有同等效力的其他情形。

第 196 条　下列请求权不适用诉讼时效的规定：

（一）请求停止侵害、排除妨碍、消除危险；

（二）不动产物权和登记的动产物权的权利人请求返还财产；

（三）请求支付抚养费、赡养费或者扶养费；

（四）依法不适用诉讼时效的其他请求权。

第 197 条　诉讼时效的期间、计算方法以及中止、中断的事由由法律规定，当事人约定无效。

当事人对诉讼时效利益的预先放弃无效。

第198条 法律对仲裁时效有规定的，依照其规定；没有规定的，适用诉讼时效的规定。

第199条 法律规定或者当事人约定的撤销权、解除权等权利的存续期间，除法律另有规定外，自权利人知道或者应当知道权利产生之日起计算，不适用有关诉讼时效中止、中断和延长的规定。存续期间届满，撤销权、解除权等权利消灭。

● 部门规章及文件

2. **《劳动人事争议仲裁办案规则》**（2017年5月8日）

第10条 当事人提出管辖异议的，应当在答辩期满前书面提出。仲裁委员会应当审查当事人提出的管辖异议，异议成立的，将案件移送至有管辖权的仲裁委员会并书面通知当事人；异议不成立的，应当书面决定驳回。

当事人逾期提出的，不影响仲裁程序的进行。

第11条 当事人申请回避，应当在案件开庭审理前提出，并说明理由。回避事由在案件开庭审理后知晓的，也可以在庭审辩论终结前提出。

当事人在庭审辩论终结后提出回避申请的，不影响仲裁程序的进行。

仲裁委员会应当在回避申请提出的三日内，以口头或者书面形式作出决定。以口头形式作出的，应当记入笔录。

● 司法解释及文件

3. **《最高人民法院关于人事争议申请仲裁的时效期间如何计算的批复》**（2013年9月12日）

四川省高级人民法院：

你院《关于事业单位人事争议仲裁时效如何计算的请示》

（川高法〔2012〕430 号）收悉。经研究，批复如下：

依据《中华人民共和国劳动争议调解仲裁法》第二十七条第一款、第五十二条的规定，当事人自知道或者应当知道其权利被侵害之日起一年内申请仲裁，仲裁机构予以受理的，人民法院应予认可。

● 案例指引

加班费的仲裁时效应当如何认定（人力资源社会保障部、最高人民法院关于联合发布第二批劳动人事争议典型案例）①

典型意义：时效是指权利人不行使权利的事实状态持续经过法定期间，其权利即发生效力减损的制度。作为权利行使尤其是救济权行使期间的一种，时效既与当事人的实体权利密切相关，又与当事人通过相应的程序救济其权益密不可分。获取劳动报酬权是劳动权益中最基本、最重要的权益，考虑劳动者在劳动关系存续期间的弱势地位，法律对于拖欠劳动报酬争议设置了特别仲裁时效，对于有效保护劳动者权益具有重要意义。

第二十八条 申请仲裁的形式

申请人申请仲裁应当提交书面仲裁申请，并按照被申请人人数提交副本。

仲裁申请书应当载明下列事项：

（一）劳动者的姓名、性别、年龄、职业、工作单位和住所，用人单位的名称、住所和法定代表人或者主要负责人的姓名、职务；

（二）仲裁请求和所根据的事实、理由；

---

① 载中华人民共和国人力资源和社会保障部网站，http：//www. mohrss. gov. cn/SYrlzyhshbzb/laodongguanxi _ /zcwj/diaojiezhongcai/202108/t20210825 _ 421600. html，最后访问时间：2022 年 11 月 30 日。

（三）证据和证据来源、证人姓名和住所。

书写仲裁申请确有困难的，可以口头申请，由劳动争议仲裁委员会记入笔录，并告知对方当事人。

第二十九条 仲裁的受理

劳动争议仲裁委员会收到仲裁申请之日起五日内，认为符合受理条件的，应当受理，并通知申请人；认为不符合受理条件的，应当书面通知申请人不予受理，并说明理由。对劳动争议仲裁委员会不予受理或者逾期未作出决定的，申请人可以就该劳动争议事项向人民法院提起诉讼。

● 部门规章及文件

1. **《劳动人事争议仲裁办案规则》**（2017 年 5 月 8 日）

第 9 条 仲裁委员会发现已受理案件不属于其管辖范围的，应当移送至有管辖权的仲裁委员会，并书面通知当事人。

对上述移送案件，受移送的仲裁委员会应当依法受理。受移送的仲裁委员会认为移送的案件按照规定不属于其管辖，或者仲裁委员会之间因管辖争议协商不成的，应当报请共同的上一级仲裁委员会主管部门指定管辖。

● 司法解释及文件

2. **《最高人民法院关于审理劳动争议案件适用法律问题的解释（一）》**（2020 年 12 月 29 日）

第 5 条 劳动争议仲裁机构以无管辖权为由对劳动争议案件不予受理，当事人提起诉讼的，人民法院按照以下情形分别处理：

（一）经审查认为该劳动争议仲裁机构对案件确无管辖权的，应当告知当事人向有管辖权的劳动争议仲裁机构申请仲裁；

（二）经审查认为该劳动争议仲裁机构有管辖权的，应当告知当事人申请仲裁，并将审查意见书面通知该劳动争议仲裁机构；劳动争议仲裁机构仍不受理，当事人就该劳动争议事项提起诉讼的，人民法院应予受理。

第6条　劳动争议仲裁机构以当事人申请仲裁的事项不属于劳动争议为由，作出不予受理的书面裁决、决定或者通知，当事人不服依法提起诉讼的，人民法院应当分别情况予以处理：

（一）属于劳动争议案件的，应当受理；

（二）虽不属于劳动争议案件，但属于人民法院主管的其他案件，应当依法受理。

第7条　劳动争议仲裁机构以申请仲裁的主体不适格为由，作出不予受理的书面裁决、决定或者通知，当事人不服依法提起诉讼，经审查确属主体不适格的，人民法院不予受理；已经受理的，裁定驳回起诉。

第8条　劳动争议仲裁机构为纠正原仲裁裁决错误重新作出裁决，当事人不服依法提起诉讼的，人民法院应当受理。

第9条　劳动争议仲裁机构仲裁的事项不属于人民法院受理的案件范围，当事人不服依法提起诉讼的，人民法院不予受理；已经受理的，裁定驳回起诉。

第10条　当事人不服劳动争议仲裁机构作出的预先支付劳动者劳动报酬、工伤医疗费、经济补偿或者赔偿金的裁决，依法提起诉讼的，人民法院不予受理。

用人单位不履行上述裁决中的给付义务，劳动者依法申请强制执行的，人民法院应予受理。

第11条　劳动争议仲裁机构作出的调解书已经发生法律效力，一方当事人反悔提起诉讼的，人民法院不予受理；已经受理的，裁定驳回起诉。

第12条　劳动争议仲裁机构逾期未作出受理决定或仲裁裁决，当事人直接提起诉讼的，人民法院应予受理，但申请仲裁的案件存在下列事由的除外：

（一）移送管辖的；

（二）正在送达或者送达延误的；

（三）等待另案诉讼结果、评残结论的；

（四）正在等待劳动争议仲裁机构开庭的；

（五）启动鉴定程序或者委托其他部门调查取证的；

（六）其他正当事由。

当事人以劳动争议仲裁机构逾期未作出仲裁裁决为由提起诉讼的，应当提交该仲裁机构出具的受理通知书或者其他已接受仲裁申请的凭证、证明。

第三十条　被申请人答辩书

劳动争议仲裁委员会受理仲裁申请后，应当在五日内将仲裁申请书副本送达被申请人。

被申请人收到仲裁申请书副本后，应当在十日内向劳动争议仲裁委员会提交答辩书。劳动争议仲裁委员会收到答辩书后，应当在五日内将答辩书副本送达申请人。被申请人未提交答辩书的，不影响仲裁程序的进行。

第三节　开庭和裁决

第三十一条　仲裁庭

劳动争议仲裁委员会裁决劳动争议案件实行仲裁庭制。仲裁庭由三名仲裁员组成，设首席仲裁员。简单劳动争议案件可以由一名仲裁员独任仲裁。

● 法　律

1. **《民事诉讼法》**（2021 年 12 月 24 日）

第 40 条　人民法院审理第一审民事案件，由审判员、陪审员共同组成合议庭或者由审判员组成合议庭。合议庭的成员人数，必须是单数。

适用简易程序审理的民事案件，由审判员一人独任审理。基层人民法院审理的基本事实清楚、权利义务关系明确的第一审民事案件，可以由审判员一人适用普通程序独任审理。

陪审员在执行陪审职务时，与审判员有同等的权利义务。

第 41 条 人民法院审理第二审民事案件，由审判员组成合议庭。合议庭的成员人数，必须是单数。

中级人民法院对第一审适用简易程序审结或者不服裁定提起上诉的第二审民事案件，事实清楚、权利义务关系明确的，经双方当事人同意，可以由审判员一人独任审理。

发回重审的案件，原审人民法院应当按照第一审程序另行组成合议庭。

审理再审案件，原来是第一审的，按照第一审程序另行组成合议庭；原来是第二审的或者是上级人民法院提审的，按照第二审程序另行组成合议庭。

2.《仲裁法》(2017 年 9 月 1 日)

第 30 条 仲裁庭可以由三名仲裁员或者一名仲裁员组成。由三名仲裁员组成的，设首席仲裁员。

第 31 条 当事人约定由三名仲裁员组成仲裁庭的，应当各自选定或者各自委托仲裁委员会主任指定一名仲裁员，第三名仲裁员由当事人共同选定或者共同委托仲裁委员会主任指定。第三名仲裁员是首席仲裁员。

当事人约定由一名仲裁员成立仲裁庭的，应当由当事人共同选定或者共同委托仲裁委员会主任指定仲裁员。

第 32 条 当事人没有在仲裁规则规定的期限内约定仲裁庭的组成方式或者选定仲裁员的，由仲裁委员会主任指定。

部门规章及文件

3.《劳动人事争议仲裁组织规则》（2017 年 5 月 8 日）

第 12 条 仲裁委员会处理争议案件实行仲裁庭制度，实行一案一庭制。

仲裁委员会可以根据案件处理实际需要设立派驻仲裁庭、巡回仲裁庭、流动仲裁庭，就近就地处理争议案件。

第 13 条 处理下列争议案件应当由三名仲裁员组成仲裁庭，设首席仲裁员：

（一）十人以上并有共同请求的争议案件；

（二）履行集体合同发生的争议案件；

（三）有重大影响或者疑难复杂的争议案件；

（四）仲裁委员会认为应当由三名仲裁员组庭处理的其他争议案件。

简单争议案件可以由一名仲裁员独任仲裁。

第 14 条 记录人员负责案件庭审记录等相关工作。

记录人员不得由本庭仲裁员兼任。

第 15 条 仲裁庭组成不符合规定的，仲裁委员会应当予以撤销并重新组庭。

第三十二条 通知仲裁庭的组成情况

劳动争议仲裁委员会应当在受理仲裁申请之日起五日内将仲裁庭的组成情况书面通知当事人。

第三十三条 回避

仲裁员有下列情形之一，应当回避，当事人也有权以口头或者书面方式提出回避申请：

（一）是本案当事人或者当事人、代理人的近亲属的；

（二）与本案有利害关系的；

（三）与本案当事人、代理人有其他关系，可能影响公正裁决的；

（四）私自会见当事人、代理人，或者接受当事人、代理人的请客送礼的。

劳动争议仲裁委员会对回避申请应当及时作出决定，并以口头或者书面方式通知当事人。

法　律

1.《民事诉讼法》（2021 年 12 月 24 日）

第 47 条　审判人员有下列情形之一的，应当自行回避，当事人有权用口头或者书面方式申请他们回避：

（一）是本案当事人或者当事人、诉讼代理人近亲属的；

（二）与本案有利害关系的；

（三）与本案当事人、诉讼代理人有其他关系，可能影响对案件公正审理的。

审判人员接受当事人、诉讼代理人请客送礼，或者违反规定会见当事人、诉讼代理人的，当事人有权要求他们回避。

审判人员有前款规定的行为的，应当依法追究法律责任。

前三款规定，适用于书记员、翻译人员、鉴定人、勘验人。

第 48 条　当事人提出回避申请，应当说明理由，在案件开始审理时提出；回避事由在案件开始审理后知道的，也可以在法庭辩论终结前提出。

被申请回避的人员在人民法院作出是否回避的决定前，应当暂停参与本案的工作，但案件需要采取紧急措施的除外。

第 49 条　院长担任审判长或者独任审判员时的回避，由审判委员会决定；审判人员的回避，由院长决定；其他人员的回避，由审判长或者独任审判员决定。

第 50 条　人民法院对当事人提出的回避申请，应当在申请提出的三日内，以口头或者书面形式作出决定。申请人对决定不服的，可以在接到决定时申请复议一次。复议期间，被申请回避的人员，不停止参与本案的工作。人民法院对复议申请，应当在三日内作出复议决定，并通知复议申请人。

2.《刑事诉讼法》（2018 年 10 月 26 日）

第 29 条　审判人员、检察人员、侦查人员有下列情形之一的，应当自行回避，当事人及其法定代理人也有权要求他们回避：

（一）是本案的当事人或者是当事人的近亲属的；

（二）本人或者他的近亲属和本案有利害关系的；

（三）担任过本案的证人、鉴定人、辩护人、诉讼代理人的；

（四）与本案当事人有其他关系，可能影响公正处理案件的。

第 30 条　审判人员、检察人员、侦查人员不得接受当事人及其委托的人的请客送礼，不得违反规定会见当事人及其委托的人。

审判人员、检察人员、侦查人员违反前款规定的，应当依法追究法律责任。当事人及其法定代理人有权要求他们回避。

第 31 条　审判人员、检察人员、侦查人员的回避，应当分别由院长、检察长、公安机关负责人决定；院长的回避，由本院审判委员会决定；检察长和公安机关负责人的回避，由同级人民检察院检察委员会决定。

对侦查人员的回避作出决定前，侦查人员不能停止对案件的侦查。

对驳回申请回避的决定，当事人及其法定代理人可以申请复议一次。

第 32 条　本章关于回避的规定适用于书记员、翻译人员和鉴定人。

辩护人、诉讼代理人可以依照本章的规定要求回避、申请复议。

3.《**仲裁法**》(2017 年 9 月 1 日)

第 34 条 仲裁员有下列情形之一的，必须回避，当事人也有权提出回避申请：

(一) 是本案当事人或者当事人、代理人的近亲属；

(二) 与本案有利害关系；

(三) 与本案当事人、代理人有其他关系，可能影响公正仲裁的；

(四) 私自会见当事人、代理人，或者接受当事人、代理人的请客送礼的。

第 35 条 当事人提出回避申请，应当说明理由，在首次开庭前提出。回避事由在首次开庭后知道的，可以在最后一次开庭终结前提出。

第 36 条 仲裁员是否回避，由仲裁委员会主任决定；仲裁委员会主任担任仲裁员时，由仲裁委员会集体决定。

第 37 条 仲裁员因回避或者其他原因不能履行职责的，应当依照本法规定重新选定或者指定仲裁员。

因回避而重新选定或者指定仲裁员后，当事人可以请求已进行的仲裁程序重新进行，是否准许，由仲裁庭决定；仲裁庭也可以自行决定已进行的仲裁程序是否重新进行。

第 38 条 仲裁员有本法第三十四条第四项规定的情形，情节严重的，或者有本法第五十八条第六项规定的情形的，应当依法承担法律责任，仲裁委员会应当将其除名。

● 部门规章及文件

4.《**劳动人事争议仲裁组织规则**》(2017 年 5 月 8 日)

第 19 条 仲裁委员会应当依法聘任一定数量的专职仲裁员，

也可以根据办案工作需要，依法从干部主管部门、人力资源社会保障行政部门、军队文职人员工作管理部门、工会、企业组织等相关机构的人员以及专家学者、律师中聘任兼职仲裁员。

第20条　仲裁员享有以下权利：

（一）履行职责应当具有的职权和工作条件；

（二）处理争议案件不受干涉；

（三）人身、财产安全受到保护；

（四）参加聘前培训和在职培训；

（五）法律、法规规定的其他权利。

第21条　仲裁员应当履行以下义务：

（一）依法处理争议案件；

（二）维护国家利益和公共利益，保护当事人合法权益；

（三）严格执行廉政规定，恪守职业道德；

（四）自觉接受监督；

（五）法律、法规规定的其他义务。

第22条　仲裁委员会聘任仲裁员时，应当从符合调解仲裁法第二十条规定的仲裁员条件的人员中选聘。

仲裁委员会应当根据工作需要，合理配备专职仲裁员和办案辅助人员。专职仲裁员数量不得少于三名，办案辅助人员不得少于一名。

5. **《劳动人事争议仲裁办案规则》**（2017年5月8日）

第12条　仲裁员、记录人员是否回避，由仲裁委员会主任或者其委托的仲裁院负责人决定。仲裁委员会主任担任案件仲裁员是否回避，由仲裁委员会决定。

在回避决定作出前，被申请回避的人员应当暂停参与该案处理，但因案件需要采取紧急措施的除外。

第三十四条　仲裁员承担责任的情形

仲裁员有本法第三十三条第四项规定情形，或者有索贿受贿、徇私舞弊、枉法裁决行为的，应当依法承担法律责任。劳动争议仲裁委员会应当将其解聘。

● 法　律

1.《**刑法**》（2020 年 12 月 29 日）

第 399 条　司法工作人员徇私枉法、徇情枉法，对明知是无罪的人而使他受追诉、对明知是有罪的人而故意包庇不使他受追诉，或者在刑事审判活动中故意违背事实和法律作枉法裁判的，处五年以下有期徒刑或者拘役；情节严重的，处五年以上十年以下有期徒刑；情节特别严重的，处十年以上有期徒刑。

在民事、行政审判活动中故意违背事实和法律作枉法裁判，情节严重的，处五年以下有期徒刑或者拘役；情节特别严重的，处五年以上十年以下有期徒刑。

在执行判决、裁定活动中，严重不负责任或者滥用职权，不依法采取诉讼保全措施、不履行法定执行职责，或者违法采取诉讼保全措施、强制执行措施，致使当事人或者其他人的利益遭受重大损失的，处五年以下有期徒刑或者拘役；致使当事人或者其他人的利益遭受特别重大损失的，处五年以上十年以下有期徒刑。

司法工作人员收受贿赂，有前三款行为的，同时又构成本法第三百八十五条规定之罪的，依照处罚较重的规定定罪处罚。

● 部门规章及文件

2.《**劳动人事争议仲裁组织规则**》（2017 年 5 月 8 日）

第 33 条　仲裁员不得有下列行为：

（一）徇私枉法，偏袒一方当事人；

（二）滥用职权，侵犯当事人合法权益；

（三）利用职权为自己或者他人谋取私利；

（四）隐瞒证据或者伪造证据；

（五）私自会见当事人及其代理人，接受当事人及其代理人的请客送礼；

（六）故意拖延办案、玩忽职守；

（七）泄露案件涉及的国家秘密、商业秘密和个人隐私或者擅自透露案件处理情况；

（八）在受聘期间担任所在仲裁委员会受理案件的代理人；

（九）其他违法违纪的行为。

第三十五条 开庭通知及延期

仲裁庭应当在开庭五日前，将开庭日期、地点书面通知双方当事人。当事人有正当理由的，可以在开庭三日前请求延期开庭。是否延期，由劳动争议仲裁委员会决定。

● 法 律

《民事诉讼法》（2021 年 12 月 24 日）

第 149 条 有下列情形之一的，可以延期开庭审理：

（一）必须到庭的当事人和其他诉讼参与人有正当理由没有到庭的；

（二）当事人临时提出回避申请的；

（三）需要通知新的证人到庭，调取新的证据，重新鉴定、勘验，或者需要补充调查的；

（四）其他应当延期的情形。

第三十六条 申请人、被申请人无故不到庭或中途退庭

申请人收到书面通知，无正当理由拒不到庭或者未经仲裁庭同意中途退庭的，可以视为撤回仲裁申请。

被申请人收到书面通知，无正当理由拒不到庭或者未经仲裁庭同意中途退庭的，可以缺席裁决。

● 部门规章及文件

《劳动人事争议仲裁办案规则》（2017 年 5 月 8 日）

第 38 条 仲裁庭应当在开庭五日前，将开庭日期、地点书面通知双方当事人。当事人有正当理由的，可以在开庭三日前请求延期开庭。是否延期，由仲裁委员会根据实际情况决定。

第三章

第三十七条 鉴定

仲裁庭对专门性问题认为需要鉴定的，可以交由当事人约定的鉴定机构鉴定；当事人没有约定或者无法达成约定的，由仲裁庭指定的鉴定机构鉴定。

根据当事人的请求或者仲裁庭的要求，鉴定机构应当派鉴定人参加开庭。当事人经仲裁庭许可，可以向鉴定人提问。

● 司法解释及文件

《最高人民法院关于民事诉讼证据的若干规定》（2019 年 12 月 25 日）

第 31 条 当事人申请鉴定，应当在人民法院指定期间内提出，并预交鉴定费用。逾期不提出申请或者不预交鉴定费用的，视为放弃申请。

对需要鉴定的待证事实负有举证责任的当事人，在人民法院指定期间内无正当理由不提出鉴定申请或者不预交鉴定费用，或者拒不提供相关材料，致使待证事实无法查明的，应当承担举证不能的法律后果。

第 32 条 人民法院准许鉴定申请的，应当组织双方当事人协商确定具备相应资格的鉴定人。当事人协商不成的，由人民法院指定。

人民法院依职权委托鉴定的，可以在询问当事人的意见后，指定具备相应资格的鉴定人。

人民法院在确定鉴定人后应当出具委托书，委托书中应当载明鉴定事项、鉴定范围、鉴定目的和鉴定期限。

第 33 条 鉴定开始之前，人民法院应当要求鉴定人签署承诺书。承诺书中应当载明鉴定人保证客观、公正、诚实地进行鉴定，保证出庭作证，如作虚假鉴定应当承担法律责任等内容。

鉴定人故意作虚假鉴定的，人民法院应当责令其退还鉴定费用，并根据情节，依照民事诉讼法第一百一十一条的规定进行处罚。

第 34 条 人民法院应当组织当事人对鉴定材料进行质证。未经质证的材料，不得作为鉴定的根据。

经人民法院准许，鉴定人可以调取证据、勘验物证和现场、询问当事人或者证人。

第 35 条 鉴定人应当在人民法院确定的期限内完成鉴定，并提交鉴定书。

鉴定人无正当理由未按期提交鉴定书的，当事人可以申请人民法院另行委托鉴定人进行鉴定。人民法院准许的，原鉴定人已经收取的鉴定费用应当退还；拒不退还的，依照本规定第八十一条第二款的规定处理。

第 36 条 人民法院对鉴定人出具的鉴定书，应当审查是否具有下列内容：

（一）委托法院的名称；

（二）委托鉴定的内容、要求；

（三）鉴定材料；

（四）鉴定所依据的原理、方法；

（五）对鉴定过程的说明；

（六）鉴定意见；

（七）承诺书。

鉴定书应当由鉴定人签名或者盖章，并附鉴定人的相应资格证明。委托机构鉴定的，鉴定书应当由鉴定机构盖章，并由从事鉴定的人员签名。

第 37 条 人民法院收到鉴定书后，应当及时将副本送交当事人。

当事人对鉴定书的内容有异议的，应当在人民法院指定期间内以书面方式提出。

对于当事人的异议，人民法院应当要求鉴定人作出解释、说明或者补充。人民法院认为有必要的，可以要求鉴定人对当事人未提出异议的内容进行解释、说明或者补充。

第 38 条 当事人在收到鉴定人的书面答复后仍有异议的，人民法院应当根据《诉讼费用交纳办法》第十一条的规定，通知有异议的当事人预交鉴定人出庭费用，并通知鉴定人出庭。有异议的当事人不预交鉴定人出庭费用的，视为放弃异议。

双方当事人对鉴定意见均有异议的，分摊预交鉴定人出庭费用。

第 39 条 鉴定人出庭费用按照证人出庭作证费用的标准计算，由败诉的当事人负担。因鉴定意见不明确或者有瑕疵需要鉴定人出庭的，出庭费用由其自行负担。

人民法院委托鉴定时已经确定鉴定人出庭费用包含在鉴定费用中的，不再通知当事人预交。

第 40 条 当事人申请重新鉴定，存在下列情形之一的，人民法院应当准许：

（一）鉴定人不具备相应资格的；

（二）鉴定程序严重违法的；

（三）鉴定意见明显依据不足的；

（四）鉴定意见不能作为证据使用的其他情形。

存在前款第一项至第三项情形的，鉴定人已经收取的鉴定费用应当退还。拒不退还的，依照本规定第八十一条第二款的规定处理。

对鉴定意见的瑕疵，可以通过补正、补充鉴定或者补充质证、重新质证等方法解决的，人民法院不予准许重新鉴定的申请。

重新鉴定的，原鉴定意见不得作为认定案件事实的根据。

第41条 对于一方当事人就专门性问题自行委托有关机构或者人员出具的意见，另一方当事人有证据或者理由足以反驳并申请鉴定的，人民法院应予准许。

第42条 鉴定意见被采信后，鉴定人无正当理由撤销鉴定意见的，人民法院应当责令其退还鉴定费用，并可以根据情节，依照民事诉讼法第一百一十一条的规定对鉴定人进行处罚。当事人主张鉴定人负担由此增加的合理费用的，人民法院应予支持。

人民法院采信鉴定意见后准许鉴定人撤销的，应当责令其退还鉴定费用。

第三十八条 质证和辩论

当事人在仲裁过程中有权进行质证和辩论。质证和辩论终结时，首席仲裁员或者独任仲裁员应当征询当事人的最后意见。

● 法　律

1. **《民事诉讼法》**（2021年12月24日）

第12条 人民法院审理民事案件时，当事人有权进行辩论。

第71条 证据应当在法庭上出示，并由当事人互相质证。对涉及国家秘密、商业秘密和个人隐私的证据应当保密，需要在法庭出示的，不得在公开开庭时出示。

第 207 条　当事人的申请符合下列情形之一的，人民法院应当再审：

……

（四）原判决、裁定认定事实的主要证据未经质证的；

……

（九）违反法律规定，剥夺当事人辩论权利的；

……

● 司法解释及文件

2.《最高人民法院关于民事诉讼证据的若干规定》（2019 年 12 月 25 日）

第 60 条　当事人在审理前的准备阶段或者人民法院调查、询问过程中发表过质证意见的证据，视为质证过的证据。

当事人要求以书面方式发表质证意见，人民法院在听取对方当事人意见后认为有必要的，可以准许。人民法院应当及时将书面质证意见送交对方当事人。

第 61 条　对书证、物证、视听资料进行质证时，当事人应当出示证据的原件或者原物。但有下列情形之一的除外：

（一）出示原件或者原物确有困难并经人民法院准许出示复制件或者复制品的；

（二）原件或者原物已不存在，但有证据证明复制件、复制品与原件或者原物一致的。

第 62 条　质证一般按下列顺序进行：

（一）原告出示证据，被告、第三人与原告进行质证；

（二）被告出示证据，原告、第三人与被告进行质证；

（三）第三人出示证据，原告、被告与第三人进行质证。

人民法院根据当事人申请调查收集的证据，审判人员对调查收集证据的情况进行说明后，由提出申请的当事人与对方当事人、第三人进行质证。

人民法院依职权调查收集的证据，由审判人员对调查收集证据的情况进行说明后，听取当事人的意见。

第三十九条 举证

当事人提供的证据经查证属实的，仲裁庭应当将其作为认定事实的根据。

劳动者无法提供由用人单位掌握管理的与仲裁请求有关的证据，仲裁庭可以要求用人单位在指定期限内提供。用人单位在指定期限内不提供的，应当承担不利后果。

法　律

1.《劳动争议调解仲裁法》（2007 年 12 月 29 日）

第 6 条　发生劳动争议，当事人对自己提出的主张，有责任提供证据。与争议事项有关的证据属于用人单位掌握管理的，用人单位应当提供；用人单位不提供的，应当承担不利后果。

司法解释及文件

2.《最高人民法院关于审理劳动争议案件适用法律问题的解释（一）》（2020 年 12 月 29 日）

第 42 条　劳动者主张加班费的，应当就加班事实的存在承担举证责任。但劳动者有证据证明用人单位掌握加班事实存在的证据，用人单位不提供的，由用人单位承担不利后果。

3.《最高人民法院关于民事诉讼证据的若干规定》（2019 年 12 月 25 日）

第 14 条　电子数据包括下列信息、电子文件：

（一）网页、博客、微博客等网络平台发布的信息；

（二）手机短信、电子邮件、即时通信、通讯群组等网络应用服务的通信信息；

（三）用户注册信息、身份认证信息、电子交易记录、通信记录、登录日志等信息；

（四）文档、图片、音频、视频、数字证书、计算机程序等电子文件；

（五）其他以数字化形式存储、处理、传输的能够证明案件事实的信息。

第95条 一方当事人控制证据无正当理由拒不提交，对待证事实负有举证责任的当事人主张该证据的内容不利于控制人的，人民法院可以认定该主张成立。

第四十条 开庭笔录

仲裁庭应当将开庭情况记入笔录。当事人和其他仲裁参加人认为对自己陈述的记录有遗漏或者差错的，有权申请补正。如果不予补正，应当记录该申请。

笔录由仲裁员、记录人员、当事人和其他仲裁参加人签名或者盖章。

第四十一条 申请仲裁后自行和解

当事人申请劳动争议仲裁后，可以自行和解。达成和解协议的，可以撤回仲裁申请。

● 司法解释及文件

《最高人民法院关于人民法院民事调解工作若干问题的规定》

（2020年12月29日）

第2条 当事人在诉讼过程中自行达成和解协议的，人民法院可以根据当事人的申请依法确认和解协议制作调解书。双方当事人申请庭外和解的期间，不计入审限。

当事人在和解过程中申请人民法院对和解活动进行协调的，人民法院可以委派审判辅助人员或者邀请、委托有关单位和个人从事协调活动。

第四十二条　先行调解

仲裁庭在作出裁决前，应当先行调解。

调解达成协议的，仲裁庭应当制作调解书。

调解书应当写明仲裁请求和当事人协议的结果。调解书由仲裁员签名，加盖劳动争议仲裁委员会印章，送达双方当事人。调解书经双方当事人签收后，发生法律效力。

调解不成或者调解书送达前，一方当事人反悔的，仲裁庭应当及时作出裁决。

● 部门规章及文件

1. **《劳动人事争议仲裁办案规则》**（2017 年 5 月 8 日）

第 68 条　仲裁委员会处理争议案件，应当坚持调解优先，引导当事人通过协商、调解方式解决争议，给予必要的法律释明以及风险提示。

第 69 条　对未经调解、当事人直接申请仲裁的争议，仲裁委员会可以向当事人发出调解建议书，引导其到调解组织进行调解。当事人同意先行调解的，应当暂缓受理；当事人不同意先行调解的，应当依法受理。

第 70 条　开庭之前，经双方当事人同意，仲裁庭可以委托调解组织或者其他具有调解能力的组织、个人进行调解。

自当事人同意之日起十日内未达成调解协议的，应当开庭审理。

第 71 条　仲裁庭审理争议案件时，应当进行调解。必要时可以邀请有关单位、组织或者个人参与调解。

第 72 条　仲裁调解达成协议的，仲裁庭应当制作调解书。

调解书应当写明仲裁请求和当事人协议的结果。调解书由仲裁员签名，加盖仲裁委员会印章，送达双方当事人。调解书经双方当事人签收后，发生法律效力。

调解不成或者调解书送达前，一方当事人反悔的，仲裁庭应当及时作出裁决。

第73条 当事人就部分仲裁请求达成调解协议的，仲裁庭可以就该部分先行出具调解书。

● 司法解释及文件

2.《最高人民法院关于审理劳动争议案件适用法律问题的解释（一）》（2020年12月29日）

第11条 劳动争议仲裁机构作出的调解书已经发生法律效力，一方当事人反悔提起诉讼的，人民法院不予受理；已经受理的，裁定驳回起诉。

第三章

第四十三条 仲裁案件审理期限

仲裁庭裁决劳动争议案件，应当自劳动争议仲裁委员会受理仲裁申请之日起四十五日内结束。案情复杂需要延期的，经劳动争议仲裁委员会主任批准，可以延期并书面通知当事人，但是延长期限不得超过十五日。逾期未作出仲裁裁决的，当事人可以就该劳动争议事项向人民法院提起诉讼。

仲裁庭裁决劳动争议案件时，其中一部分事实已经清楚，可以就该部分先行裁决。

● 司法解释及文件

《最高人民法院关于审理劳动争议案件适用法律问题的解释（一）》（2020年12月29日）

第1条 劳动者与用人单位之间发生的下列纠纷，属于劳动争议，当事人不服劳动争议仲裁机构作出的裁决，依法提起诉讼的，人民法院应予受理：

（一）劳动者与用人单位在履行劳动合同过程中发生的纠纷；

（二）劳动者与用人单位之间没有订立书面劳动合同，但已形成劳动关系后发生的纠纷；

（三）劳动者与用人单位因劳动关系是否已经解除或者终止，以及应否支付解除或者终止劳动关系经济补偿金发生的纠纷；

（四）劳动者与用人单位解除或者终止劳动关系后，请求用人单位返还其收取的劳动合同定金、保证金、抵押金、抵押物发生的纠纷，或者办理劳动者的人事档案、社会保险关系等移转手续发生的纠纷；

（五）劳动者以用人单位未为其办理社会保险手续，且社会保险经办机构不能补办导致其无法享受社会保险待遇为由，要求用人单位赔偿损失发生的纠纷；

（六）劳动者退休后，与尚未参加社会保险统筹的原用人单位因追索养老金、医疗费、工伤保险待遇和其他社会保险待遇而发生的纠纷；

（七）劳动者因为工伤、职业病，请求用人单位依法给予工伤保险待遇发生的纠纷；

（八）劳动者依据劳动合同法第八十五条规定，要求用人单位支付加付赔偿金发生的纠纷；

（九）因企业自主进行改制发生的纠纷。

第四十四条 可以裁决先予执行的案件

仲裁庭对追索劳动报酬、工伤医疗费、经济补偿或者赔偿金的案件，根据当事人的申请，可以裁决先予执行，移送人民法院执行。

仲裁庭裁决先予执行的，应当符合下列条件：

（一）当事人之间权利义务关系明确；

（二）不先予执行将严重影响申请人的生活。

劳动者申请先予执行的，可以不提供担保。

法　律

1.《民事诉讼法》（2021 年 12 月 24 日）

第 109 条　人民法院对下列案件，根据当事人的申请，可以裁定先予执行：

（一）追索赡养费、扶养费、抚养费、抚恤金、医疗费用的；

（二）追索劳动报酬的；

（三）因情况紧急需要先予执行的。

第 110 条　人民法院裁定先予执行的，应当符合下列条件：

（一）当事人之间权利义务关系明确，不先予执行将严重影响申请人的生活或者生产经营的；

（二）被申请人有履行能力。

人民法院可以责令申请人提供担保，申请人不提供担保的，驳回申请。申请人败诉的，应当赔偿被申请人因先予执行遭受的财产损失。

部门规章及文件

2.《劳动人事争议仲裁办案规则》（2017 年 5 月 8 日）

第 51 条　仲裁庭对追索劳动报酬、工伤医疗费、经济补偿或者赔偿金的案件，根据当事人的申请，可以裁决先予执行，移送人民法院执行。

仲裁庭裁决先予执行的，应当符合下列条件：

（一）当事人之间权利义务关系明确；

（二）不先予执行将严重影响申请人的生活。

劳动者申请先予执行的，可以不提供担保。

司法解释及文件

3.《最高人民法院关于审理劳动争议案件适用法律问题的解释（一）》（2020年12月29日）

第10条 当事人不服劳动争议仲裁机构作出的预先支付劳动者劳动报酬、工伤医疗费、经济补偿或者赔偿金的裁决，依法提起诉讼的，人民法院不予受理。

用人单位不履行上述裁决中的给付义务，劳动者依法申请强制执行的，人民法院应予受理。

第四十五条 作出裁决意见

裁决应当按照多数仲裁员的意见作出，少数仲裁员的不同意见应当记入笔录。仲裁庭不能形成多数意见时，裁决应当按照首席仲裁员的意见作出。

第四十六条 裁决书

裁决书应当载明仲裁请求、争议事实、裁决理由、裁决结果和裁决日期。裁决书由仲裁员签名，加盖劳动争议仲裁委员会印章。对裁决持不同意见的仲裁员，可以签名，也可以不签名。

法　律

1.《仲裁法》（2017年9月1日）

第54条 裁决书应当写明仲裁请求、争议事实、裁决理由、裁决结果、仲裁费用的负担和裁决日期。当事人协议不愿写明争议事实和裁决理由的，可以不写。裁决书由仲裁员签名，加盖仲裁委员会印章。对裁决持不同意见的仲裁员，可以签名，也可以不签名。

部门规章及文件

2.《劳动人事争议仲裁办案规则》（2017年5月8日）

第52条 裁决应当按照多数仲裁员的意见作出，少数仲裁员的不同意见应当记入笔录。仲裁庭不能形成多数意见时，裁决应当按照首席仲裁员的意见作出。

第四十七条 一裁终局的案件

下列劳动争议，除本法另有规定的外，仲裁裁决为终局裁决，裁决书自作出之日起发生法律效力：

（一）追索劳动报酬、工伤医疗费、经济补偿或者赔偿金，不超过当地月最低工资标准十二个月金额的争议；

（二）因执行国家的劳动标准在工作时间、休息休假、社会保险等方面发生的争议。

法 律

1.《劳动合同法》（2012年12月28日）

第23条 用人单位与劳动者可以在劳动合同中约定保守用人单位的商业秘密和与知识产权相关的保密事项。

对负有保密义务的劳动者，用人单位可以在劳动合同或者保密协议中与劳动者约定竞业限制条款，并约定在解除或者终止劳动合同后，在竞业限制期限内按月给予劳动者经济补偿。劳动者违反竞业限制约定的，应当按照约定向用人单位支付违约金。

第46条 有下列情形之一的，用人单位应当向劳动者支付经济补偿：

（一）劳动者依照本法第三十八条规定解除劳动合同的；

（二）用人单位依照本法第三十六条规定向劳动者提出解除劳动合同并与劳动者协商一致解除劳动合同的；

（三）用人单位依照本法第四十条规定解除劳动合同的；

（四）用人单位依照本法第四十一条第一款规定解除劳动合同的；

（五）除用人单位维持或者提高劳动合同约定条件续订劳动合同，劳动者不同意续订的情形外，依照本法第四十四条第一项规定终止固定期限劳动合同的；

（六）依照本法第四十四条第四项、第五项规定终止劳动合同的；

（七）法律、行政法规规定的其他情形。

第 47 条 经济补偿按劳动者在本单位工作的年限，每满一年支付一个月工资的标准向劳动者支付。六个月以上不满一年的，按一年计算；不满六个月的，向劳动者支付半个月工资的经济补偿。

劳动者月工资高于用人单位所在直辖市、设区的市级人民政府公布的本地区上年度职工月平均工资三倍的，向其支付经济补偿的标准按职工月平均工资三倍的数额支付，向其支付经济补偿的年限最高不超过十二年。

本条所称月工资是指劳动者在劳动合同解除或者终止前十二个月的平均工资。

第 48 条 用人单位违反本法规定解除或者终止劳动合同，劳动者要求继续履行劳动合同的，用人单位应当继续履行；劳动者不要求继续履行劳动合同或者劳动合同已经不能继续履行的，用人单位应当依照本法第八十七条规定支付赔偿金。

第 83 条 用人单位违反本法规定与劳动者约定试用期的，由劳动行政部门责令改正；违法约定的试用期已经履行的，由用人单位以劳动者试用期满月工资为标准，按已经履行的超过法定试用期的期间向劳动者支付赔偿金。

第 87 条 用人单位违反本法规定解除或者终止劳动合同的，应当依照本法第四十七条规定的经济补偿标准的二倍向劳动者支付赔偿金。

司法解释及文件

2.《最高人民法院关于审理劳动争议案件适用法律问题的解释（一）》（2020 年 12 月 29 日）

第 18 条 仲裁裁决的类型以仲裁裁决书确定为准。仲裁裁决书未载明该裁决为终局裁决或者非终局裁决，用人单位不服该仲裁裁决向基层人民法院提起诉讼的，应当按照以下情形分别处理：

（一）经审查认为该仲裁裁决为非终局裁决的，基层人民法院应予受理；

（二）经审查认为该仲裁裁决为终局裁决的，基层人民法院不予受理，但应告知用人单位可以自收到不予受理裁定书之日起三十日内向劳动争议仲裁机构所在地的中级人民法院申请撤销该仲裁裁决；已经受理的，裁定驳回起诉。

第四十八条 劳动者不服一裁终局案件的裁决提起诉讼的期限

劳动者对本法第四十七条规定的仲裁裁决不服的，可以自收到仲裁裁决书之日起十五日内向人民法院提起诉讼。

法 律

1.《劳动法》（2018 年 12 月 29 日）

第 79 条 劳动争议发生后，当事人可以向本单位劳动争议调解委员会申请调解；调解不成，当事人一方要求仲裁的，可以向劳动争议仲裁委员会申请仲裁。当事人一方也可以直接向劳动争议仲裁委员会申请仲裁。对仲裁裁决不服的，可以向人民法院提起诉讼。

司法解释及文件

2.《最高人民法院关于审理劳动争议案件适用法律问题的解释（一）》（2020 年 12 月 29 日）

第 21 条 劳动者依据调解仲裁法第四十八条规定向基层人

民法院提起诉讼，用人单位依据调解仲裁法第四十九条规定向劳动争议仲裁机构所在地的中级人民法院申请撤销仲裁裁决的，中级人民法院应当不予受理；已经受理的，应当裁定驳回申请。

被人民法院驳回起诉或者劳动者撤诉的，用人单位可以自收到裁定书之日起三十日内，向劳动争议仲裁机构所在地的中级人民法院申请撤销仲裁裁决。

第四十九条　用人单位不服一裁终局案件的裁决可诉请撤销的案件

用人单位有证据证明本法第四十七条规定的仲裁裁决有下列情形之一，可以自收到仲裁裁决书之日起三十日内向劳动争议仲裁委员会所在地的中级人民法院申请撤销裁决：

（一）适用法律、法规确有错误的；

（二）劳动争议仲裁委员会无管辖权的；

（三）违反法定程序的；

（四）裁决所根据的证据是伪造的；

（五）对方当事人隐瞒了足以影响公正裁决的证据的；

（六）仲裁员在仲裁该案时有索贿受贿、徇私舞弊、枉法裁决行为的。

人民法院经组成合议庭审查核实裁决有前款规定情形之一的，应当裁定撤销。

仲裁裁决被人民法院裁定撤销的，当事人可以自收到裁定书之日起十五日内就该劳动争议事项向人民法院提起诉讼。

法　律

1. **《劳动争议调解仲裁法》**（2007 年 12 月 29 日）

第 47 条　下列劳动争议，除本法另有规定的外，仲裁裁决为终局裁决，裁决书自作出之日起发生法律效力：

（一）追索劳动报酬、工伤医疗费、经济补偿或者赔偿金，不超过当地月最低工资标准十二个月金额的争议；

（二）因执行国家的劳动标准在工作时间、休息休假、社会保险等方面发生的争议。

● 司法解释及文件

2.《最高人民法院关于审理劳动争议案件适用法律问题的解释（一）》（2020年12月29日）

第22条 用人单位依据调解仲裁法第四十九条规定向中级人民法院申请撤销仲裁裁决，中级人民法院作出的驳回申请或者撤销仲裁裁决的裁定为终审裁定。

第五十条 其他不服仲裁裁决提起诉讼的期限

当事人对本法第四十七条规定以外的其他劳动争议案件的仲裁裁决不服的，可以自收到仲裁裁决书之日起十五日内向人民法院提起诉讼；期满不起诉的，裁决书发生法律效力。

● 法 律

《劳动争议调解仲裁法》（2007年12月29日）

第47条 下列劳动争议，除本法另有规定的外，仲裁裁决为终局裁决，裁决书自作出之日起发生法律效力：

（一）追索劳动报酬、工伤医疗费、经济补偿或者赔偿金，不超过当地月最低工资标准十二个月金额的争议；

（二）因执行国家的劳动标准在工作时间、休息休假、社会保险等方面发生的争议。

第五十一条 生效调解书、裁决书的执行

当事人对发生法律效力的调解书、裁决书，应当依照规定的期限履行。一方当事人逾期不履行的，另一方当事人可

以依照民事诉讼法的有关规定向人民法院申请执行。受理申请的人民法院应当依法执行。

● 法　律

1.《民事诉讼法》（2021 年 12 月 24 日）

第 231 条　发生法律效力的民事判决、裁定，以及刑事判决、裁定中的财产部分，由第一审人民法院或者与第一审人民法院同级的被执行的财产所在地人民法院执行。

法律规定由人民法院执行的其他法律文书，由被执行人住所地或者被执行的财产所在地人民法院执行。

第 232 条　当事人、利害关系人认为执行行为违反法律规定的，可以向负责执行的人民法院提出书面异议。当事人、利害关系人提出书面异议的，人民法院应当自收到书面异议之日起十五日内审查，理由成立的，裁定撤销或者改正；理由不成立的，裁定驳回。当事人、利害关系人对裁定不服的，可以自裁定送达之日起十日内向上一级人民法院申请复议。

第 233 条　人民法院自收到申请执行书之日起超过六个月未执行的，申请执行人可以向上一级人民法院申请执行。上一级人民法院经审查，可以责令原人民法院在一定期限内执行，也可以决定由本院执行或者指令其他人民法院执行。

第 234 条　执行过程中，案外人对执行标的提出书面异议的，人民法院应当自收到书面异议之日起十五日内审查，理由成立的，裁定中止对该标的的执行；理由不成立的，裁定驳回。案外人、当事人对裁定不服，认为原判决、裁定错误的，依照审判监督程序办理；与原判决、裁定无关的，可以自裁定送达之日起十五日内向人民法院提起诉讼。

第 235 条　执行工作由执行员进行。

采取强制执行措施时，执行员应当出示证件。执行完毕后，应当将执行情况制作笔录，由在场的有关人员签名或者盖章。

人民法院根据需要可以设立执行机构。

第 236 条 被执行人或者被执行的财产在外地的，可以委托当地人民法院代为执行。受委托人民法院收到委托函件后，必须在十五日内开始执行，不得拒绝。执行完毕后，应当将执行结果及时函复委托人民法院；在三十日内如果还未执行完毕，也应当将执行情况函告委托人民法院。

受委托人民法院自收到委托函件之日起十五日内不执行的，委托人民法院可以请求受委托人民法院的上级人民法院指令受委托人民法院执行。

第 237 条 在执行中，双方当事人自行和解达成协议的，执行员应当将协议内容记入笔录，由双方当事人签名或者盖章。

申请执行人因受欺诈、胁迫与被执行人达成和解协议，或者当事人不履行和解协议的，人民法院可以根据当事人的申请，恢复对原生效法律文书的执行。

第 238 条 在执行中，被执行人向人民法院提供担保，并经申请执行人同意的，人民法院可以决定暂缓执行及暂缓执行的期限。被执行人逾期仍不履行的，人民法院有权执行被执行人的担保财产或者担保人的财产。

第 239 条 作为被执行人的公民死亡的，以其遗产偿还债务。作为被执行人的法人或者其他组织终止的，由其权利义务承受人履行义务。

第 240 条 执行完毕后，据以执行的判决、裁定和其他法律文书确有错误，被人民法院撤销的，对已被执行的财产，人民法院应当作出裁定，责令取得财产的人返还；拒不返还的，强制执行。

第 241 条 人民法院制作的调解书的执行，适用本编的规定。

第 242 条 人民检察院有权对民事执行活动实行法律监督。

第二十章　执行的申请和移送

第 243 条　发生法律效力的民事判决、裁定，当事人必须履行。一方拒绝履行的，对方当事人可以向人民法院申请执行，也可以由审判员移送执行员执行。

调解书和其他应当由人民法院执行的法律文书，当事人必须履行。一方拒绝履行的，对方当事人可以向人民法院申请执行。

第 244 条　对依法设立的仲裁机构的裁决，一方当事人不履行的，对方当事人可以向有管辖权的人民法院申请执行。受申请的人民法院应当执行。

被申请人提出证据证明仲裁裁决有下列情形之一的，经人民法院组成合议庭审查核实，裁定不予执行：

（一）当事人在合同中没有订有仲裁条款或者事后没有达成书面仲裁协议的；

（二）裁决的事项不属于仲裁协议的范围或者仲裁机构无权仲裁的；

（三）仲裁庭的组成或者仲裁的程序违反法定程序的；

（四）裁决所根据的证据是伪造的；

（五）对方当事人向仲裁机构隐瞒了足以影响公正裁决的证据的；

（六）仲裁员在仲裁该案时有贪污受贿，徇私舞弊，枉法裁决行为的。

人民法院认定执行该裁决违背社会公共利益的，裁定不予执行。

裁定书应当送达双方当事人和仲裁机构。

仲裁裁决被人民法院裁定不予执行的，当事人可以根据双方达成的书面仲裁协议重新申请仲裁，也可以向人民法院起诉。

第 245 条　对公证机关依法赋予强制执行效力的债权文书，一方当事人不履行的，对方当事人可以向有管辖权的人民法院申请执行，受申请的人民法院应当执行。

公证债权文书确有错误的，人民法院裁定不予执行，并将裁定书送达双方当事人和公证机关。

第246条 申请执行的期间为二年。申请执行时效的中止、中断，适用法律有关诉讼时效中止、中断的规定。

前款规定的期间，从法律文书规定履行期间的最后一日起计算；法律文书规定分期履行的，从最后一期履行期限届满之日起计算；法律文书未规定履行期间的，从法律文书生效之日起计算。

第247条 执行员接到申请执行书或者移交执行书，应当向被执行人发出执行通知，并可以立即采取强制执行措施。

第二十一章 执行措施

第248条 被执行人未按执行通知履行法律文书确定的义务，应当报告当前以及收到执行通知之日前一年的财产情况。被执行人拒绝报告或者虚假报告的，人民法院可以根据情节轻重对被执行人或者其法定代理人、有关单位的主要负责人或者直接责任人员予以罚款、拘留。

第249条 被执行人未按执行通知履行法律文书确定的义务，人民法院有权向有关单位查询被执行人的存款、债券、股票、基金份额等财产情况。人民法院有权根据不同情形扣押、冻结、划拨、变价被执行人的财产。人民法院查询、扣押、冻结、划拨、变价的财产不得超出被执行人应当履行义务的范围。

人民法院决定扣押、冻结、划拨、变价财产，应当作出裁定，并发出协助执行通知书，有关单位必须办理。

第250条 被执行人未按执行通知履行法律文书确定的义务，人民法院有权扣留、提取被执行人应当履行义务部分的收入。但应当保留被执行人及其所扶养家属的生活必需费用。

人民法院扣留、提取收入时，应当作出裁定，并发出协助执行通知书，被执行人所在单位、银行、信用合作社和其他有储蓄业务的单位必须办理。

第 251 条　被执行人未按执行通知履行法律文书确定的义务，人民法院有权查封、扣押、冻结、拍卖、变卖被执行人应当履行义务部分的财产。但应当保留被执行人及其所扶养家属的生活必需品。

采取前款措施，人民法院应当作出裁定。

第 252 条　人民法院查封、扣押财产时，被执行人是公民的，应当通知被执行人或者他的成年家属到场；被执行人是法人或者其他组织的，应当通知其法定代表人或者主要负责人到场。拒不到场的，不影响执行。被执行人是公民的，其工作单位或者财产所在地的基层组织应当派人参加。

对被查封、扣押的财产，执行员必须造具清单，由在场人签名或者盖章后，交被执行人一份。被执行人是公民的，也可以交他的成年家属一份。

第 253 条　被查封的财产，执行员可以指定被执行人负责保管。因被执行人的过错造成的损失，由被执行人承担。

第 254 条　财产被查封、扣押后，执行员应当责令被执行人在指定期间履行法律文书确定的义务。被执行人逾期不履行的，人民法院应当拍卖被查封、扣押的财产；不适于拍卖或者当事人双方同意不进行拍卖的，人民法院可以委托有关单位变卖或者自行变卖。国家禁止自由买卖的物品，交有关单位按照国家规定的价格收购。

第 255 条　被执行人不履行法律文书确定的义务，并隐匿财产的，人民法院有权发出搜查令，对被执行人及其住所或者财产隐匿地进行搜查。

采取前款措施，由院长签发搜查令。

第 256 条　法律文书指定交付的财物或者票证，由执行员传唤双方当事人当面交付，或者由执行员转交，并由被交付人签收。

有关单位持有该项财物或者票证的，应当根据人民法院的协助执行通知书转交，并由被交付人签收。

有关公民持有该项财物或者票证的，人民法院通知其交出。拒不交出的，强制执行。

第 257 条 强制迁出房屋或者强制退出土地，由院长签发公告，责令被执行人在指定期间履行。被执行人逾期不履行的，由执行员强制执行。

强制执行时，被执行人是公民的，应当通知被执行人或者他的成年家属到场；被执行人是法人或者其他组织的，应当通知其法定代表人或者主要负责人到场。拒不到场的，不影响执行。被执行人是公民的，其工作单位或者房屋、土地所在地的基层组织应当派人参加。执行员应当将强制执行情况记入笔录，由在场人签名或者盖章。

强制迁出房屋被搬出的财物，由人民法院派人运至指定处所，交给被执行人。被执行人是公民的，也可以交给他的成年家属。因拒绝接收而造成的损失，由被执行人承担。

第 258 条 在执行中，需要办理有关财产权证照转移手续的，人民法院可以向有关单位发出协助执行通知书，有关单位必须办理。

第 259 条 对判决、裁定和其他法律文书指定的行为，被执行人未按执行通知履行的，人民法院可以强制执行或者委托有关单位或者其他人完成，费用由被执行人承担。

第 260 条 被执行人未按判决、裁定和其他法律文书指定的期间履行给付金钱义务的，应当加倍支付迟延履行期间的债务利息。被执行人未按判决、裁定和其他法律文书指定的期间履行其他义务的，应当支付迟延履行金。

第 261 条 人民法院采取本法第二百四十九条、第二百五十条、第二百五十一条规定的执行措施后，被执行人仍不能偿还债务的，应当继续履行义务。债权人发现被执行人有其他财产的，可以随时请求人民法院执行。

第 262 条　被执行人不履行法律文书确定的义务的，人民法院可以对其采取或者通知有关单位协助采取限制出境，在征信系统记录、通过媒体公布不履行义务信息以及法律规定的其他措施。

第二十二章　执行中止和终结

第 263 条　有下列情形之一的，人民法院应当裁定中止执行：

（一）申请人表示可以延期执行的；

（二）案外人对执行标的提出确有理由的异议的；

（三）作为一方当事人的公民死亡，需要等待继承人继承权利或者承担义务的；

（四）作为一方当事人的法人或者其他组织终止，尚未确定权利义务承受人的；

（五）人民法院认为应当中止执行的其他情形。

中止的情形消失后，恢复执行。

第 264 条　有下列情形之一的，人民法院裁定终结执行：

（一）申请人撤销申请的；

（二）据以执行的法律文书被撤销的；

（三）作为被执行人的公民死亡，无遗产可供执行，又无义务承担人的；

（四）追索赡养费、扶养费、抚养费案件的权利人死亡的；

（五）作为被执行人的公民因生活困难无力偿还借款，无收入来源，又丧失劳动能力的；

（六）人民法院认为应当终结执行的其他情形。

第 265 条　中止和终结执行的裁定，送达当事人后立即生效。

● 司法解释及文件

2.《最高人民法院关于审理劳动争议案件适用法律问题的解释（一）》（2020年12月29日）

第24条 当事人申请人民法院执行劳动争议仲裁机构作出的发生法律效力的裁决书、调解书，被申请人提出证据证明劳动争议仲裁裁决书、调解书有下列情形之一，并经审查核实的，人民法院可以根据民事诉讼法第二百三十七条规定，裁定不予执行：

（一）裁决的事项不属于劳动争议仲裁范围，或者劳动争议仲裁机构无权仲裁的；

（二）适用法律、法规确有错误的；

（三）违反法定程序的；

（四）裁决所根据的证据是伪造的；

（五）对方当事人隐瞒了足以影响公正裁决的证据的；

（六）仲裁员在仲裁该案时有索贿受贿、徇私舞弊、枉法裁决行为的；

（七）人民法院认定执行该劳动争议仲裁裁决违背社会公共利益的。

人民法院在不予执行的裁定书中，应当告知当事人在收到裁定书之次日起三十日内，可以就该劳动争议事项向人民法院提起诉讼。

第四章　附　　则

第五十二条　人事争议处理的法律适用

事业单位实行聘用制的工作人员与本单位发生劳动争议的，依照本法执行；法律、行政法规或者国务院另有规定的，依照其规定。

● 法　律

1.《公务员法》(2018 年 12 月 29 日)

第 2 条　本法所称公务员，是指依法履行公职、纳入国家行政编制、由国家财政负担工资福利的工作人员。

公务员是干部队伍的重要组成部分，是社会主义事业的中坚力量，是人民的公仆。

2.《劳动合同法》(2012 年 12 月 28 日)

第 96 条　事业单位与实行聘用制的工作人员订立、履行、变更、解除或者终止劳动合同，法律、行政法规或者国务院另有规定的，依照其规定；未作规定的，依照本法有关规定执行。

● 行政法规及文件

3.《事业单位人事管理条例》(2014 年 4 月 25 日)

第 37 条　事业单位工作人员与所在单位发生人事争议的，依照《中华人民共和国劳动争议调解仲裁法》等有关规定处理。

4.《人事争议处理规定》(2011 年 8 月 15 日)

第一章　总　　则

第 1 条　为公正及时地处理人事争议，保护当事人的合法权益，根据《中华人民共和国公务员法》、《中国人民解放军文职人员条例》等有关法律法规，制定本规定。

第 2 条　本规定适用于下列人事争议：

(一) 实施公务员法的机关与聘任制公务员之间、参照《中华人民共和国公务员法》管理的机关 (单位) 与聘任工作人员之间因履行聘任合同发生的争议。

(二) 事业单位与工作人员之间因解除人事关系、履行聘用合同发生的争议。

(三) 社团组织与工作人员之间因解除人事关系、履行聘用合同发生的争议。

（四）军队聘用单位与文职人员之间因履行聘用合同发生的争议。

（五）依照法律、法规规定可以仲裁的其他人事争议。

第 3 条 人事争议发生后，当事人可以协商解决；不愿协商或者协商不成的，可以向主管部门申请调解，其中军队聘用单位与文职人员的人事争议，可以向聘用单位的上一级单位申请调解；不愿调解或调解不成的，可以向人事争议仲裁委员会申请仲裁。当事人也可以直接向人事争议仲裁委员会申请仲裁。当事人对仲裁裁决不服的，可以向人民法院提起诉讼。

第 4 条 当事人在人事争议处理中的地位平等，适用法律、法规平等。

当事人有使用本民族语言文字申请仲裁的权利。人事争议仲裁委员会对于不熟悉当地通用语言文字的当事人，应当为他们翻译。

第 5 条 处理人事争议，应当注重调解，遵循合法、公正、及时的原则，以事实为依据，以法律为准绳。

第二章 组织机构

第 6 条 中央机关及所属事业单位人事争议仲裁委员会设在人事部。

省（自治区、直辖市）、副省级市、地（市、州、盟）、县（市、区、旗）设立人事争议仲裁委员会。

人事争议仲裁委员会独立办案，相互之间无隶属关系。

第 7 条 人事争议仲裁委员会由公务员主管部门代表、聘任（用）单位代表、工会组织代表、受聘人员代表以及人事、法律专家组成。人事争议仲裁委员会组成人员应当是单数，设主任一名、副主任二至四名、委员若干名。

同级人民政府分管人事工作的负责人或者政府人事行政部门的主要负责人任人事争议仲裁委员会主任。

第 8 条 人事争议仲裁委员会实行少数服从多数原则，不同意见应如实记录。

第 9 条　人事争议仲裁委员会的职责是：

（一）负责处理管辖范围内的人事争议。

（二）决定仲裁员的聘任和解聘。

（三）法律、法规规定由人事争议仲裁委员会承担的其他职责。

第 10 条　人事争议仲裁委员会下设办事机构，其职责是：负责人事争议案件的受理、仲裁文书送达、档案管理以及仲裁员的考核、培训等日常工作，办理人事争议仲裁委员会授权的其他事宜。办事机构设在同级人民政府人事部门。

第 11 条　人事争议仲裁委员会处理人事争议案件实行仲裁庭制度，仲裁庭是人事争议仲裁委员会处理人事争议案件的基本形式。仲裁庭一般由三名仲裁员组成。人事争议仲裁委员会指定一名仲裁员担任首席仲裁员，主持仲裁庭工作；另两名仲裁员可由双方当事人各选定一名，也可由人事争议仲裁委员会指定。简单的人事争议案件，经双方当事人同意，人事争议仲裁委员会可以指定一名仲裁员独任处理。

第 12 条　人事争议仲裁委员会可以聘任有关部门的工作人员、专家学者和律师为专职或兼职仲裁员。仲裁员的职责是：受人事争议仲裁委员会的委托或当事人的选择，负责人事争议案件的具体处理工作。

兼职仲裁员与专职仲裁员在仲裁活动中享有同等权利。

兼职仲裁员进行仲裁活动时，所在单位应当给予支持。

第三章　管　　辖

第 13 条　中央机关、直属机构、直属事业单位及其在京所属事业单位的人事争议由中央机关及所属事业单位人事争议仲裁委员会处理。

中央机关在京外垂直管理机构以及中央机关、直属机构、直属事业单位在京外所属事业单位的人事争议，由所在地的省（自治区、直辖市）设立的人事争议仲裁委员会处理，也可由省（自治区、直辖市）根据情况授权所在地的人事争议仲裁委员会处理。

第14条 省（自治区、直辖市）、副省级市、地（市、州、盟）、县（市、区、旗）人事争议仲裁委员会的管辖范围，由省（自治区、直辖市）确定。

第15条 军队聘用单位与文职人员的人事争议，一般由聘用单位所在地的县（市、区、旗）人事争议仲裁委员会处理，其中师级聘用单位与文职人员的人事争议，由所在地的地（市、州、盟）、副省级市人事争议仲裁委员会处理，军级以上聘用单位与文职人员的人事争议由所在地的省（自治区、直辖市）人事争议仲裁委员会处理。驻京部队聘用单位与文职人员的人事争议，由中央机关及所属事业单位人事争议仲裁委员会处理。

第四章 仲　　裁

第16条 当事人从知道或应当知道其权利受到侵害之日起六十日内，以书面形式向有管辖权的人事争议仲裁委员会申请仲裁。

当事人因不可抗力或者有其他正当理由超过申请仲裁时效，经人事争议仲裁委员会调查确认的，人事争议仲裁委员会应当受理。

第17条 当事人向人事争议仲裁委员会申请仲裁，应当提交仲裁申请书，并按被申请人人数递交副本。

仲裁申请书应当载明下列事项：

（一）申请人和被申请人姓名、性别、年龄、职业及职务、工作单位、住所和联系方式。申请人或被申请人是单位的，应写明单位的名称、住所、法定代表人或者主要负责人的姓名、职务和联系方式。

（二）仲裁请求和所依据的事实、理由。

（三）证据和证据来源、证人姓名和住所。

发生人事争议的一方在五人以上，并且有共同的仲裁请求和理由的，可以推举一至两名代表参加仲裁活动。代表人放弃、变更仲裁请求或者承认对方的仲裁请求，进行和解，必须经过被代表的当事人同意。

第 18 条　人事争议仲裁委员会在收到仲裁申请书之日起十个工作日内，认为不符合受理条件的，应当书面通知申请人不予受理，并说明理由；认为符合受理条件的，应当受理，将受理通知书送达申请人，将仲裁申请书副本送达被申请人。

第 19 条　被申请人应当在收到仲裁申请书副本之日起十个工作日内提交答辩书。被申请人没有按时提交或者不提交答辩书的，不影响仲裁的进行。

第 20 条　仲裁应当公开开庭进行，涉及国家、军队秘密和个人隐私的除外。涉及商业秘密，当事人申请不公开开庭的，可以不公开开庭。当事人协议不开庭的，仲裁庭可以书面仲裁。

第 21 条　人事争议仲裁委员会应当在开庭审理人事争议案件五个工作日前，将开庭时间、地点、仲裁庭组成人员等书面通知当事人。申请人经书面通知无正当理由不到庭，或者到庭后未经仲裁庭许可中途退庭的，视为撤回仲裁申请。被申请人经书面通知无正当理由不到庭，或者未经仲裁庭许可中途退庭的，可以缺席裁决。

当事人有正当理由的，在开庭前可以申请延期开庭，是否延期由仲裁庭决定。

第 22 条　仲裁庭处理人事争议应注重调解。自受理案件到作出裁决前，都要积极促使当事人双方自愿达成调解协议。

当事人经调解自愿达成书面协议的，仲裁庭应当根据调解协议的内容制作仲裁调解书。协议内容不得违反法律法规，不得侵犯社会公共利益和他人的合法权益。

调解书由仲裁庭成员署名，加盖人事争议仲裁委员会印章。调解书送达后，即发生法律效力。

当庭调解未达成协议或者仲裁调解书送达前当事人反悔的，

仲裁庭应当及时进行仲裁裁决。

第23条 当事人应当对自己的主张提供证据。仲裁庭认为有关证据由用人单位提供更方便的，应要求用人单位提供。

用人单位作出解除人事关系和不同意工作人员要求辞职或终止聘任（用）合同引发的人事争议，由用人单位负责举证。

仲裁庭认为需要调查取证的，可以自行取证。

第24条 人事争议仲裁委员会在处理人事争议时，有权向有关单位查阅与案件有关的档案、资料和其他证明材料，并有权向知情人调查，有关单位和个人不得拒绝并应当如实提供相关材料。人事争议仲裁委员会及其工作人员对调查人事争议案件中涉及的国家秘密、军队秘密、商业秘密和个人隐私应当保密。

第25条 当事人的举证材料应在仲裁庭上出示，并进行质证。只有经过质证认定的事实和证据，才能作为仲裁裁决的依据。

第26条 当事人在仲裁过程中有权进行辩论。辩论终结时，仲裁庭应当征询当事人的最后意见。

第27条 仲裁庭应当将开庭情况记入笔录。当事人和其他仲裁参与人认为对自己陈述的记录有遗漏或者差错的，有权申请补正。如果不予补正，应当记录该申请，并注明不予补正的原因。

笔录由仲裁员、书记员、当事人和其他仲裁参与人署名或者盖章。

第28条 仲裁裁决应当按照多数仲裁员的意见作出，少数仲裁员的不同意见应当记入笔录。

仲裁庭对重大、疑难以及仲裁庭不能形成多数处理意见案件的处理，应当提交人事争议仲裁委员会讨论决定；人事争议仲裁委员会作出的决定，仲裁庭必须执行。

仲裁庭应当在裁决作出后五个工作日内制作裁决书。裁决书由仲裁庭成员署名并加盖人事争议仲裁委员会印章。

第29条 仲裁庭处理人事争议案件，一般应当在受理案件之日起九十日内结案。需要延期的，经人事争议仲裁委员会批准，可以适当延期，但是延长的期限不得超过三十日。

第30条　当事人、法定代理人可以委托一至二名律师或其他代理人进行仲裁活动。委托律师和其他代理人进行仲裁活动，应当向人事争议仲裁委员会提交有委托人签名或盖章的委托书。委托书应当明确委托事项和权限。

第31条　有下列情形之一的，仲裁员应当自行申请回避，当事人和代理人有权以口头或书面方式申请其回避：

（一）是案件的当事人、代理人或者当事人、代理人的近亲属。

（二）与案件有利害关系。

（三）与案件当事人、代理人有其他关系，可能影响公正仲裁的。

前款规定适用于书记员、鉴定人员、勘验人员和翻译人员。

第32条　当事人对仲裁裁决不服的，可以按照《中华人民共和国公务员法》、《中国人民解放军文职人员条例》以及最高人民法院相关司法解释的规定，自收到裁决书之日起十五日内向人民法院提起诉讼；逾期不起诉的，裁决书即发生法律效力。

第33条　对发生法律效力的调解书或者裁决书，当事人必须履行。一方当事人逾期不履行的，另一方当事人可以依照国家有关法律法规和最高人民法院相关司法解释的规定申请人民法院执行。

第五章　罚　　则

第34条　当事人及有关人员在仲裁过程中有下列行为之一的，人事争议仲裁委员会应当予以批评教育、责令改正；触犯法律的，提请司法机关依法追究法律责任：

（一）干扰仲裁活动，阻碍仲裁工作人员工作的。

（二）拒绝提供有关文件、资料和其他证明材料的。

（三）提供虚假情况的。

（四）对仲裁工作人员、仲裁参与人、证人进行打击报复的。

（五）其他应予以批评教育、责令改正或应依法追究法律责任的行为。

第35条 仲裁工作人员在仲裁活动中有徇私舞弊、收受贿赂、敲诈勒索、滥用职权等侵犯当事人合法权益行为的，由所在单位或上级机关给予处分；是仲裁员的，由人事争议仲裁委员会予以解聘；触犯法律的，提请司法机关依法追究法律责任。

第六章　附　　则

第36条 因考核、职务任免、职称评审等发生的人事争议，按照有关规定处理。

第37条 本规定由中共中央组织部、人事部、中国人民解放军总政治部负责解释，省、自治区、直辖市可根据本规定制定实施办法。

第38条 本规定自2007年10月1日起施行，1997年人事部发布的《人事争议处理暂行规定》（人发〔1997〕71号）同时废止。

第五十三条　劳动争议仲裁不收费

劳动争议仲裁不收费。劳动争议仲裁委员会的经费由财政予以保障。

第五十四条　实施日期

本法自2008年5月1日起施行。

附录一

中华人民共和国劳动法

（1994 年 7 月 5 日第八届全国人民代表大会常务委员会第八次会议通过　根据 2009 年 8 月 27 日第十一届全国人民代表大会常务委员会第十次会议《关于修改部分法律的决定》第一次修正　根据 2018 年 12 月 29 日第十三届全国人民代表大会常务委员会第七次会议《关于修改〈中华人民共和国劳动法〉等七部法律的决定》第二次修正）

目　　录

第一章　总　　则

第一条　为了保护劳动者的合法权益，调整劳动关系，建立和维护适应社会主义市场经济的劳动制度，促进经济发展和社会进步，根据宪法，制定本法。

第二条 在中华人民共和国境内的企业、个体经济组织（以下统称用人单位）和与之形成劳动关系的劳动者，适用本法。

国家机关、事业组织、社会团体和与之建立劳动合同关系的劳动者，依照本法执行。

第三条 劳动者享有平等就业和选择职业的权利、取得劳动报酬的权利、休息休假的权利、获得劳动安全卫生保护的权利、接受职业技能培训的权利、享受社会保险和福利的权利、提请劳动争议处理的权利以及法律规定的其他劳动权利。

劳动者应当完成劳动任务，提高职业技能，执行劳动安全卫生规程，遵守劳动纪律和职业道德。

第四条 用人单位应当依法建立和完善规章制度，保障劳动者享有劳动权利和履行劳动义务。

第五条 国家采取各种措施，促进劳动就业，发展职业教育，制定劳动标准，调节社会收入，完善社会保险，协调劳动关系，逐步提高劳动者的生活水平。

第六条 国家提倡劳动者参加社会义务劳动，开展劳动竞赛和合理化建议活动，鼓励和保护劳动者进行科学研究、技术革新和发明创造，表彰和奖励劳动模范和先进工作者。

第七条 劳动者有权依法参加和组织工会。

工会代表和维护劳动者的合法权益，依法独立自主地开展活动。

第八条 劳动者依照法律规定，通过职工大会、职工代表大会或者其他形式，参与民主管理或者就保护劳动者合法权益与用人单位进行平等协商。

第九条 国务院劳动行政部门主管全国劳动工作。

县级以上地方人民政府劳动行政部门主管本行政区域内的劳动工作。

第二章　促进就业

第十条　国家通过促进经济和社会发展，创造就业条件，扩大就业机会。

国家鼓励企业、事业组织、社会团体在法律、行政法规规定的范围内兴办产业或者拓展经营，增加就业。

国家支持劳动者自愿组织起来就业和从事个体经营实现就业。

第十一条　地方各级人民政府应当采取措施，发展多种类型的职业介绍机构，提供就业服务。

第十二条　劳动者就业，不因民族、种族、性别、宗教信仰不同而受歧视。

第十三条　妇女享有与男子平等的就业权利。在录用职工时，除国家规定的不适合妇女的工种或者岗位外，不得以性别为由拒绝录用妇女或者提高对妇女的录用标准。

第十四条　残疾人、少数民族人员、退出现役的军人的就业，法律、法规有特别规定的，从其规定。

第十五条　禁止用人单位招用未满十六周岁的未成年人。

文艺、体育和特种工艺单位招用未满十六周岁的未成年人，必须遵守国家有关规定，并保障其接受义务教育的权利。

第三章　劳动合同和集体合同

第十六条　劳动合同是劳动者与用人单位确立劳动关系、明确双方权利和义务的协议。

建立劳动关系应当订立劳动合同。

第十七条　订立和变更劳动合同，应当遵循平等自愿、协商一致的原则，不得违反法律、行政法规的规定。

劳动合同依法订立即具有法律约束力，当事人必须履行劳动合同规定的义务。

第十八条　下列劳动合同无效：

（一）违反法律、行政法规的劳动合同；

（二）采取欺诈、威胁等手段订立的劳动合同。

无效的劳动合同，从订立的时候起，就没有法律约束力。确认劳动合同部分无效的，如果不影响其余部分的效力，其余部分仍然有效。

劳动合同的无效，由劳动争议仲裁委员会或者人民法院确认。

第十九条　劳动合同应当以书面形式订立，并具备以下条款：

（一）劳动合同期限；

（二）工作内容；

（三）劳动保护和劳动条件；

（四）劳动报酬；

（五）劳动纪律；

（六）劳动合同终止的条件；

（七）违反劳动合同的责任。

劳动合同除前款规定的必备条款外，当事人可以协商约定其他内容。

第二十条　劳动合同的期限分为有固定期限、无固定期限和以完成一定的工作为期限。

劳动者在同一用人单位连续工作满十年以上，当事人双方同意续延劳动合同的，如果劳动者提出订立无固定期限的劳动合同，应当订立无固定期限的劳动合同。

第二十一条　劳动合同可以约定试用期。试用期最长不得超过六个月。

第二十二条　劳动合同当事人可以在劳动合同中约定保守用人单位商业秘密的有关事项。

第二十三条　劳动合同期满或者当事人约定的劳动合同终止条件出现，劳动合同即行终止。

第二十四条　经劳动合同当事人协商一致，劳动合同可以解除。

第二十五条　劳动者有下列情形之一的，用人单位可以解除劳动合同：

（一）在试用期间被证明不符合录用条件的；

（二）严重违反劳动纪律或者用人单位规章制度的；

（三）严重失职，营私舞弊，对用人单位利益造成重大损害的；

（四）被依法追究刑事责任的。

第二十六条 有下列情形之一的，用人单位可以解除劳动合同，但是应当提前三十日以书面形式通知劳动者本人：

（一）劳动者患病或者非因工负伤，医疗期满后，不能从事原工作也不能从事由用人单位另行安排的工作的；

（二）劳动者不能胜任工作，经过培训或者调整工作岗位，仍不能胜任工作的；

（三）劳动合同订立时所依据的客观情况发生重大变化，致使原劳动合同无法履行，经当事人协商不能就变更劳动合同达成协议的。

第二十七条 用人单位濒临破产进行法定整顿期间或者生产经营状况发生严重困难，确需裁减人员的，应当提前三十日向工会或者全体职工说明情况，听取工会或者职工的意见，经向劳动行政部门报告后，可以裁减人员。

用人单位依据本条规定裁减人员，在六个月内录用人员的，应当优先录用被裁减的人员。

第二十八条 用人单位依据本法第二十四条、第二十六条、第二十七条的规定解除劳动合同的，应当依照国家有关规定给予经济补偿。

第二十九条 劳动者有下列情形之一的，用人单位不得依据本法第二十六条、第二十七条的规定解除劳动合同：

（一）患职业病或者因工负伤并被确认丧失或者部分丧失劳动能力的；

（二）患病或者负伤，在规定的医疗期内的；

（三）女职工在孕期、产期、哺乳期内的；

（四）法律、行政法规规定的其他情形。

第三十条 用人单位解除劳动合同，工会认为不适当的，有权提出意见。如果用人单位违反法律、法规或者劳动合同，工会有权要求重新处理；劳动者申请仲裁或者提起诉讼的，工会应当依法给予支持和帮助。

第三十一条 劳动者解除劳动合同，应当提前三十日以书面形式通知用人单位。

第三十二条 有下列情形之一的，劳动者可以随时通知用人单位解除劳动合同：

（一）在试用期内的；

（二）用人单位以暴力、威胁或者非法限制人身自由的手段强迫劳动的；

（三）用人单位未按照劳动合同约定支付劳动报酬或者提供劳动条件的。

第三十三条 企业职工一方与企业可以就劳动报酬、工作时间、休息休假、劳动安全卫生、保险福利等事项，签订集体合同。集体合同草案应当提交职工代表大会或者全体职工讨论通过。

集体合同由工会代表职工与企业签订；没有建立工会的企业，由职工推举的代表与企业签订。

第三十四条 集体合同签订后应当报送劳动行政部门；劳动行政部门自收到集体合同文本之日起十五日内未提出异议的，集体合同即行生效。

第三十五条 依法签订的集体合同对企业和企业全体职工具有约束力。职工个人与企业订立的劳动合同中劳动条件和劳动报酬等标准不得低于集体合同的规定。

第四章 工作时间和休息休假

第三十六条 国家实行劳动者每日工作时间不超过八小时、平均每周工作时间不超过四十四小时的工时制度。

第三十七条 对实行计件工作的劳动者，用人单位应当根据本法第三十六条规定的工时制度合理确定其劳动定额和计件报酬标准。

第三十八条 用人单位应当保证劳动者每周至少休息一日。

第三十九条 企业因生产特点不能实行本法第三十六条、第三十八条规定的，经劳动行政部门批准，可以实行其他工作和休息办法。

第四十条 用人单位在下列节日期间应当依法安排劳动者休假：

（一）元旦；

（二）春节；

（三）国际劳动节；

（四）国庆节；

（五）法律、法规规定的其他休假节日。

第四十一条 用人单位由于生产经营需要，经与工会和劳动者协商后可以延长工作时间，一般每日不得超过一小时；因特殊原因需要延长工作时间的，在保障劳动者身体健康的条件下延长工作时间每日不得超过三小时，但是每月不得超过三十六小时。

第四十二条 有下列情形之一的，延长工作时间不受本法第四十一条规定的限制：

（一）发生自然灾害、事故或者因其他原因，威胁劳动者生命健康和财产安全，需要紧急处理的；

（二）生产设备、交通运输线路、公共设施发生故障，影响生产和公众利益，必须及时抢修的；

（三）法律、行政法规规定的其他情形。

第四十三条 用人单位不得违反本法规定延长劳动者的工作时间。

第四十四条 有下列情形之一的，用人单位应当按照下列标准支付高于劳动者正常工作时间工资的工资报酬：

（一）安排劳动者延长工作时间的，支付不低于工资的百分之一百五十的工资报酬；

（二）休息日安排劳动者工作又不能安排补休的，支付不低于工资的百分之二百的工资报酬；

（三）法定休假日安排劳动者工作的，支付不低于工资的百分之三百的工资报酬。

第四十五条 国家实行带薪年休假制度。*

劳动者连续工作一年以上的，享受带薪年休假。具体办法由国务院规定。

第五章 工 资

第四十六条 工资分配应当遵循按劳分配原则，实行同工同酬。

工资水平在经济发展的基础上逐步提高。国家对工资总量实行宏观调控。

第四十七条 用人单位根据本单位的生产经营特点和经济效益，依法自主确定本单位的工资分配方式和工资水平。

第四十八条 国家实行最低工资保障制度。最低工资的具体标准由省、自治区、直辖市人民政府规定，报国务院备案。

用人单位支付劳动者的工资不得低于当地最低工资标准。

第四十九条 确定和调整最低工资标准应当综合参考下列因素：

（一）劳动者本人及平均赡养人口的最低生活费用；

（二）社会平均工资水平；

（三）劳动生产率；

（四）就业状况；

（五）地区之间经济发展水平的差异。

第五十条 工资应当以货币形式按月支付给劳动者本人。不得克扣或者无故拖欠劳动者的工资。

第五十一条 劳动者在法定休假日和婚丧假期间以及依法参加社会活动期间，用人单位应当依法支付工资。

---

*《职工带薪年休假条例》（2007 年 12 月 14 日，国务院令第 514 号）。

第六章　劳动安全卫生

第五十二条　用人单位必须建立、健全劳动安全卫生制度，严格执行国家劳动安全卫生规程和标准，对劳动者进行劳动安全卫生教育，防止劳动过程中的事故，减少职业危害。

第五十三条　劳动安全卫生设施必须符合国家规定的标准。

新建、改建、扩建工程的劳动安全卫生设施必须与主体工程同时设计、同时施工、同时投入生产和使用。

第五十四条　用人单位必须为劳动者提供符合国家规定的劳动安全卫生条件和必要的劳动防护用品，对从事有职业危害作业的劳动者应当定期进行健康检查。

第五十五条　从事特种作业的劳动者必须经过专门培训并取得特种作业资格。

第五十六条　劳动者在劳动过程中必须严格遵守安全操作规程。

劳动者对用人单位管理人员违章指挥、强令冒险作业，有权拒绝执行；对危害生命安全和身体健康的行为，有权提出批评、检举和控告。

第五十七条　国家建立伤亡事故和职业病统计报告和处理制度。县级以上各级人民政府劳动行政部门、有关部门和用人单位应当依法对劳动者在劳动过程中发生的伤亡事故和劳动者的职业病状况，进行统计、报告和处理。

第七章　女职工和未成年工特殊保护

第五十八条　国家对女职工和未成年工实行特殊劳动保护。

未成年工是指年满十六周岁未满十八周岁的劳动者。

第五十九条　禁止安排女职工从事矿山井下、国家规定的第四级体力劳动强度的劳动和其他禁忌从事的劳动。

第六十条　不得安排女职工在经期从事高处、低温、冷水作业和国家规定的第三级体力劳动强度的劳动。

第六十一条 不得安排女职工在怀孕期间从事国家规定的第三级体力劳动强度的劳动和孕期禁忌从事的劳动。对怀孕七个月以上的女职工，不得安排其延长工作时间和夜班劳动。

第六十二条 女职工生育享受不少于九十天的产假。

第六十三条 不得安排女职工在哺乳未满一周岁的婴儿期间从事国家规定的第三级体力劳动强度的劳动和哺乳期禁忌从事的其他劳动，不得安排其延长工作时间和夜班劳动。

第六十四条 不得安排未成年工从事矿山井下、有毒有害、国家规定的第四级体力劳动强度的劳动和其他禁忌从事的劳动。

第六十五条 用人单位应当对未成年工定期进行健康检查。

第八章 职业培训

第六十六条 国家通过各种途径，采取各种措施，发展职业培训事业，开发劳动者的职业技能，提高劳动者素质，增强劳动者的就业能力和工作能力。

第六十七条 各级人民政府应当把发展职业培训纳入社会经济发展的规划，鼓励和支持有条件的企业、事业组织、社会团体和个人进行各种形式的职业培训。

第六十八条 用人单位应当建立职业培训制度，按照国家规定提取和使用职业培训经费，根据本单位实际，有计划地对劳动者进行职业培训。

从事技术工种的劳动者，上岗前必须经过培训。

第六十九条 国家确定职业分类，对规定的职业制定职业技能标准，实行职业资格证书制度，由经备案的考核鉴定机构负责对劳动者实施职业技能考核鉴定。

第九章 社会保险和福利

第七十条 国家发展社会保险事业，建立社会保险制度，设立社会保险基金，使劳动者在年老、患病、工伤、失业、生育等情况下获得帮助和补偿。

第七十一条 社会保险水平应当与社会经济发展水平和社会承受能力相适应。

第七十二条 社会保险基金按照保险类型确定资金来源，逐步实行社会统筹。用人单位和劳动者必须依法参加社会保险，缴纳社会保险费。

第七十三条 劳动者在下列情形下，依法享受社会保险待遇：

（一）退休；

（二）患病、负伤；

（三）因工伤残或者患职业病；

（四）失业；

（五）生育。

劳动者死亡后，其遗属依法享受遗属津贴。

劳动者享受社会保险待遇的条件和标准由法律、法规规定。

劳动者享受的社会保险金必须按时足额支付。

第七十四条 社会保险基金经办机构依照法律规定收支、管理和运营社会保险基金，并负有使社会保险基金保值增值的责任。

社会保险基金监督机构依照法律规定，对社会保险基金的收支、管理和运营实施监督。

社会保险基金经办机构和社会保险基金监督机构的设立和职能由法律规定。

任何组织和个人不得挪用社会保险基金。

第七十五条 国家鼓励用人单位根据本单位实际情况为劳动者建立补充保险。

国家提倡劳动者个人进行储蓄性保险。

第七十六条 国家发展社会福利事业，兴建公共福利设施，为劳动者休息、休养和疗养提供条件。

用人单位应当创造条件，改善集体福利，提高劳动者的福利待遇。

第十章　劳动争议

第七十七条　用人单位与劳动者发生劳动争议，当事人可以依法申请调解、仲裁、提起诉讼，也可以协商解决。

调解原则适用于仲裁和诉讼程序。

第七十八条　解决劳动争议，应当根据合法、公正、及时处理的原则，依法维护劳动争议当事人的合法权益。

第七十九条　劳动争议发生后，当事人可以向本单位劳动争议调解委员会申请调解；调解不成，当事人一方要求仲裁的，可以向劳动争议仲裁委员会申请仲裁。当事人一方也可以直接向劳动争议仲裁委员会申请仲裁。对仲裁裁决不服的，可以向人民法院提起诉讼。

第八十条　在用人单位内，可以设立劳动争议调解委员会。劳动争议调解委员会由职工代表、用人单位代表和工会代表组成。劳动争议调解委员会主任由工会代表担任。

劳动争议经调解达成协议的，当事人应当履行。

第八十一条　劳动争议仲裁委员会由劳动行政部门代表、同级工会代表、用人单位方面的代表组成。劳动争议仲裁委员会主任由劳动行政部门代表担任。

第八十二条　提出仲裁要求的一方应当自劳动争议发生之日起六十日内向劳动争议仲裁委员会提出书面申请。仲裁裁决一般应在收到仲裁申请的六十日内作出。对仲裁裁决无异议的，当事人必须履行。

第八十三条　劳动争议当事人对仲裁裁决不服的，可以自收到仲裁裁决书之日起十五日内向人民法院提起诉讼。一方当事人在法定期限内不起诉又不履行仲裁裁决的，另一方当事人可以申请人民法院强制执行。

第八十四条　因签订集体合同发生争议，当事人协商解决不成的，当地人民政府劳动行政部门可以组织有关各方协调处理。

因履行集体合同发生争议，当事人协商解决不成的，可以向劳动争议仲裁委员会申请仲裁；对仲裁裁决不服的，可以自收到仲裁裁决书之日起十五日内向人民法院提起诉讼。

第十一章　监督检查

第八十五条　县级以上各级人民政府劳动行政部门依法对用人单位遵守劳动法律、法规的情况进行监督检查，对违反劳动法律、法规的行为有权制止，并责令改正。

第八十六条　县级以上各级人民政府劳动行政部门监督检查人员执行公务，有权进入用人单位了解执行劳动法律、法规的情况，查阅必要的资料，并对劳动场所进行检查。

县级以上各级人民政府劳动行政部门监督检查人员执行公务，必须出示证件，秉公执法并遵守有关规定。

第八十七条　县级以上各级人民政府有关部门在各自职责范围内，对用人单位遵守劳动法律、法规的情况进行监督。

第八十八条　各级工会依法维护劳动者的合法权益，对用人单位遵守劳动法律、法规的情况进行监督。

任何组织和个人对于违反劳动法律、法规的行为有权检举和控告。

第十二章　法律责任

第八十九条　用人单位制定的劳动规章制度违反法律、法规规定的，由劳动行政部门给予警告，责令改正；对劳动者造成损害的，应当承担赔偿责任。

第九十条　用人单位违反本法规定，延长劳动者工作时间的，由劳动行政部门给予警告，责令改正，并可以处以罚款。

第九十一条　用人单位有下列侵害劳动者合法权益情形之一的，由劳动行政部门责令支付劳动者的工资报酬、经济补偿，并可以责令支付赔偿金：

（一）克扣或者无故拖欠劳动者工资的；

（二）拒不支付劳动者延长工作时间工资报酬的；

（三）低于当地最低工资标准支付劳动者工资的；

（四）解除劳动合同后，未依照本法规定给予劳动者经济补偿的。

第九十二条 用人单位的劳动安全设施和劳动卫生条件不符合国家规定或者未向劳动者提供必要的劳动防护用品和劳动保护设施的，由劳动行政部门或者有关部门责令改正，可以处以罚款；情节严重的，提请县级以上人民政府决定责令停产整顿；对事故隐患不采取措施，致使发生重大事故，造成劳动者生命和财产损失的，对责任人员依照刑法有关规定追究刑事责任。

第九十三条 用人单位强令劳动者违章冒险作业，发生重大伤亡事故，造成严重后果的，对责任人员依法追究刑事责任。

第九十四条 用人单位非法招用未满十六周岁的未成年人的，由劳动行政部门责令改正，处以罚款；情节严重的，由市场监督管理部门吊销营业执照。

第九十五条 用人单位违反本法对女职工和未成年工的保护规定，侵害其合法权益的，由劳动行政部门责令改正，处以罚款；对女职工或者未成年工造成损害的，应当承担赔偿责任。

第九十六条 用人单位有下列行为之一，由公安机关对责任人员处以十五日以下拘留、罚款或者警告；构成犯罪的，对责任人员依法追究刑事责任：

（一）以暴力、威胁或者非法限制人身自由的手段强迫劳动的；

（二）侮辱、体罚、殴打、非法搜查和拘禁劳动者的。

第九十七条 由于用人单位的原因订立的无效合同，对劳动者造成损害的，应当承担赔偿责任。

第九十八条 用人单位违反本法规定的条件解除劳动合同或者故意拖延不订立劳动合同的，由劳动行政部门责令改正；对劳动者造成损害的，应当承担赔偿责任。

第九十九条 用人单位招用尚未解除劳动合同的劳动者，对原用人单位造成经济损失的，该用人单位应当依法承担连带赔偿责任。

第一百条 用人单位无故不缴纳社会保险费的，由劳动行政部门责令其限期缴纳；逾期不缴的，可以加收滞纳金。

第一百零一条 用人单位无理阻挠劳动行政部门、有关部门及其工作人员行使监督检查权，打击报复举报人员的，由劳动行政部门或者有关部门处以罚款；构成犯罪的，对责任人员依法追究刑事责任。

第一百零二条 劳动者违反本法规定的条件解除劳动合同或者违反劳动合同中约定的保密事项，对用人单位造成经济损失的，应当依法承担赔偿责任。

第一百零三条 劳动行政部门或者有关部门的工作人员滥用职权、玩忽职守、徇私舞弊，构成犯罪的，依法追究刑事责任；不构成犯罪的，给予行政处分。

第一百零四条 国家工作人员和社会保险基金经办机构的工作人员挪用社会保险基金，构成犯罪的，依法追究刑事责任。

第一百零五条 违反本法规定侵害劳动者合法权益，其他法律、行政法规已规定处罚的，依照该法律、行政法规的规定处罚。

第十三章 附 则

第一百零六条 省、自治区、直辖市人民政府根据本法和本地区的实际情况，规定劳动合同制度的实施步骤，报国务院备案。

第一百零七条 本法自 1995 年 1 月 1 日起施行。

中华人民共和国劳动合同法

（2007年6月29日第十届全国人民代表大会常务委员会第二十八次会议通过　根据2012年12月28日第十一届全国人民代表大会常务委员会第三十次会议《关于修改〈中华人民共和国劳动合同法〉的决定》修正）

目　　录

第一章　总　　则

第一条　为了完善劳动合同制度，明确劳动合同双方当事人的权利和义务，保护劳动者的合法权益，构建和发展和谐稳定的劳动关系，制定本法。

第二条　中华人民共和国境内的企业、个体经济组织、民办非企业单位等组织（以下称用人单位）与劳动者建立劳动关系，订立、履行、变更、解除或者终止劳动合同，适用本法。

国家机关、事业单位、社会团体和与其建立劳动关系的劳动者，订立、履行、变更、解除或者终止劳动合同，依照本法执行。

第三条 订立劳动合同，应当遵循合法、公平、平等自愿、协商一致、诚实信用的原则。

依法订立的劳动合同具有约束力，用人单位与劳动者应当履行劳动合同约定的义务。

第四条 用人单位应当依法建立和完善劳动规章制度，保障劳动者享有劳动权利、履行劳动义务。

用人单位在制定、修改或者决定有关劳动报酬、工作时间、休息休假、劳动安全卫生、保险福利、职工培训、劳动纪律以及劳动定额管理等直接涉及劳动者切身利益的规章制度或者重大事项时，应当经职工代表大会或者全体职工讨论，提出方案和意见，与工会或者职工代表平等协商确定。

在规章制度和重大事项决定实施过程中，工会或者职工认为不适当的，有权向用人单位提出，通过协商予以修改完善。

用人单位应当将直接涉及劳动者切身利益的规章制度和重大事项决定公示，或者告知劳动者。

第五条 县级以上人民政府劳动行政部门会同工会和企业方面代表，建立健全协调劳动关系三方机制，共同研究解决有关劳动关系的重大问题。

第六条 工会应当帮助、指导劳动者与用人单位依法订立和履行劳动合同，并与用人单位建立集体协商机制，维护劳动者的合法权益。

第二章 劳动合同的订立

第七条 用人单位自用工之日起即与劳动者建立劳动关系。用人单位应当建立职工名册备查。

第八条 用人单位招用劳动者时，应当如实告知劳动者工作内容、工作条件、工作地点、职业危害、安全生产状况、劳动报酬，以及劳动者要求了解的其他情况；用人单位有权了解劳动者与劳动合同直接相关的基本情况，劳动者应当如实说明。

第九条 用人单位招用劳动者，不得扣押劳动者的居民身份证和其他证件，不得要求劳动者提供担保或者以其他名义向劳动者收取财物。

第十条 建立劳动关系，应当订立书面劳动合同。

已建立劳动关系，未同时订立书面劳动合同的，应当自用工之日起一个月内订立书面劳动合同。

用人单位与劳动者在用工前订立劳动合同的，劳动关系自用工之日起建立。

第十一条 用人单位未在用工的同时订立书面劳动合同，与劳动者约定的劳动报酬不明确的，新招用的劳动者的劳动报酬按照集体合同规定的标准执行；没有集体合同或者集体合同未规定的，实行同工同酬。

第十二条 劳动合同分为固定期限劳动合同、无固定期限劳动合同和以完成一定工作任务为期限的劳动合同。

第十三条 固定期限劳动合同，是指用人单位与劳动者约定合同终止时间的劳动合同。

用人单位与劳动者协商一致，可以订立固定期限劳动合同。

第十四条 无固定期限劳动合同，是指用人单位与劳动者约定无确定终止时间的劳动合同。

用人单位与劳动者协商一致，可以订立无固定期限劳动合同。有下列情形之一，劳动者提出或者同意续订、订立劳动合同的，除劳动者提出订立固定期限劳动合同外，应当订立无固定期限劳动合同：

（一）劳动者在该用人单位连续工作满十年的；

（二）用人单位初次实行劳动合同制度或者国有企业改制重新订立劳动合同时，劳动者在该用人单位连续工作满十年且距法定退休年龄不足十年的；

（三）连续订立二次固定期限劳动合同，且劳动者没有本法第三十九条和第四十条第一项、第二项规定的情形，续订劳动合同的。

用人单位自用工之日起满一年不与劳动者订立书面劳动合同的，视为用人单位与劳动者已订立无固定期限劳动合同。

第十五条 以完成一定工作任务为期限的劳动合同，是指用人单位与劳动者约定以某项工作的完成为合同期限的劳动合同。

用人单位与劳动者协商一致，可以订立以完成一定工作任务为期限的劳动合同。

第十六条 劳动合同由用人单位与劳动者协商一致，并经用人单位与劳动者在劳动合同文本上签字或者盖章生效。

劳动合同文本由用人单位和劳动者各执一份。

第十七条 劳动合同应当具备以下条款：

（一）用人单位的名称、住所和法定代表人或者主要负责人；

（二）劳动者的姓名、住址和居民身份证或者其他有效身份证件号码；

（三）劳动合同期限；

（四）工作内容和工作地点；

（五）工作时间和休息休假；

（六）劳动报酬；

（七）社会保险；

（八）劳动保护、劳动条件和职业危害防护；

（九）法律、法规规定应当纳入劳动合同的其他事项。

劳动合同除前款规定的必备条款外，用人单位与劳动者可以约定试用期、培训、保守秘密、补充保险和福利待遇等其他事项。

第十八条 劳动合同对劳动报酬和劳动条件等标准约定不明确，引发争议的，用人单位与劳动者可以重新协商；协商不成的，适用集体合同规定；没有集体合同或者集体合同未规定劳动报酬的，实行同工同酬；没有集体合同或者集体合同未规定劳动条件等标准的，适用国家有关规定。

第十九条 劳动合同期限三个月以上不满一年的，试用期不得超过一个月；劳动合同期限一年以上不满三年的，试用期不得超过二个月；三年以上固定期限和无固定期限的劳动合同，试用期不得超过六个月。

同一用人单位与同一劳动者只能约定一次试用期。

以完成一定工作任务为期限的劳动合同或者劳动合同期限不满三个月的，不得约定试用期。

试用期包含在劳动合同期限内。劳动合同仅约定试用期的，试用期不成立，该期限为劳动合同期限。

第二十条 劳动者在试用期的工资不得低于本单位相同岗位最低档工资或者劳动合同约定工资的百分之八十，并不得低于用人单位所在地的最低工资标准。

第二十一条 在试用期中，除劳动者有本法第三十九条和第四十条第一项、第二项规定的情形外，用人单位不得解除劳动合同。用人单位在试用期解除劳动合同的，应当向劳动者说明理由。

第二十二条 用人单位为劳动者提供专项培训费用，对其进行专业技术培训的，可以与该劳动者订立协议，约定服务期。

劳动者违反服务期约定的，应当按照约定向用人单位支付违约金。违约金的数额不得超过用人单位提供的培训费用。用人单位要求劳动者支付的违约金不得超过服务期尚未履行部分所应分摊的培训费用。

用人单位与劳动者约定服务期的，不影响按照正常的工资调整机制提高劳动者在服务期期间的劳动报酬。

第二十三条 用人单位与劳动者可以在劳动合同中约定保守用人单位的商业秘密和与知识产权相关的保密事项。

对负有保密义务的劳动者，用人单位可以在劳动合同或者保密协议中与劳动者约定竞业限制条款，并约定在解除或者终止劳动合同后，在竞业限制期限内按月给予劳动者经济补偿。劳动者违反竞业限制约定的，应当按照约定向用人单位支付违约金。

第二十四条 竞业限制的人员限于用人单位的高级管理人员、高级技术人员和其他负有保密义务的人员。竞业限制的范围、地域、期限由用人单位与劳动者约定，竞业限制的约定不得违反法律、法规的规定。

在解除或者终止劳动合同后，前款规定的人员到与本单位生产或者经营同类产品、从事同类业务的有竞争关系的其他用人单位，或者自己开业生产或者经营同类产品、从事同类业务的竞业限制期限，不得超过二年。

第二十五条 除本法第二十二条和第二十三条规定的情形外，用人单位不得与劳动者约定由劳动者承担违约金。

第二十六条 下列劳动合同无效或者部分无效：

（一）以欺诈、胁迫的手段或者乘人之危，使对方在违背真实意思的情况下订立或者变更劳动合同的；

（二）用人单位免除自己的法定责任、排除劳动者权利的；

（三）违反法律、行政法规强制性规定的。

对劳动合同的无效或者部分无效有争议的，由劳动争议仲裁机构或者人民法院确认。

第二十七条 劳动合同部分无效，不影响其他部分效力的，其他部分仍然有效。

第二十八条 劳动合同被确认无效，劳动者已付出劳动的，用人单位应当向劳动者支付劳动报酬。劳动报酬的数额，参照本单位相同或者相近岗位劳动者的劳动报酬确定。

第三章 劳动合同的履行和变更

第二十九条 用人单位与劳动者应当按照劳动合同的约定，全面履行各自的义务。

第三十条 用人单位应当按照劳动合同约定和国家规定，向劳动者及时足额支付劳动报酬。

用人单位拖欠或者未足额支付劳动报酬的，劳动者可以依法向当地人民法院申请支付令，人民法院应当依法发出支付令。

第三十一条 用人单位应当严格执行劳动定额标准，不得强迫或者变相强迫劳动者加班。用人单位安排加班的，应当按照国家有关规定向劳动者支付加班费。

第三十二条 劳动者拒绝用人单位管理人员违章指挥、强令冒险作业的，不视为违反劳动合同。

劳动者对危害生命安全和身体健康的劳动条件，有权对用人单位提出批评、检举和控告。

第三十三条 用人单位变更名称、法定代表人、主要负责人或者投资人等事项，不影响劳动合同的履行。

第三十四条 用人单位发生合并或者分立等情况，原劳动合同继续有效，劳动合同由承继其权利和义务的用人单位继续履行。

第三十五条 用人单位与劳动者协商一致，可以变更劳动合同约定的内容。变更劳动合同，应当采用书面形式。

变更后的劳动合同文本由用人单位和劳动者各执一份。

第四章　劳动合同的解除和终止

第三十六条 用人单位与劳动者协商一致，可以解除劳动合同。

第三十七条 劳动者提前三十日以书面形式通知用人单位，可以解除劳动合同。劳动者在试用期内提前三日通知用人单位，可以解除劳动合同。

第三十八条 用人单位有下列情形之一的，劳动者可以解除劳动合同：

（一）未按照劳动合同约定提供劳动保护或者劳动条件的；

（二）未及时足额支付劳动报酬的；

（三）未依法为劳动者缴纳社会保险费的；

（四）用人单位的规章制度违反法律、法规的规定，损害劳动者权益的；

（五）因本法第二十六条第一款规定的情形致使劳动合同无

效的；

（六）法律、行政法规规定劳动者可以解除劳动合同的其他情形。

用人单位以暴力、威胁或者非法限制人身自由的手段强迫劳动者劳动的，或者用人单位违章指挥、强令冒险作业危及劳动者人身安全的，劳动者可以立即解除劳动合同，不需事先告知用人单位。

第三十九条 劳动者有下列情形之一的，用人单位可以解除劳动合同：

（一）在试用期间被证明不符合录用条件的；

（二）严重违反用人单位的规章制度的；

（三）严重失职，营私舞弊，给用人单位造成重大损害的；

（四）劳动者同时与其他用人单位建立劳动关系，对完成本单位的工作任务造成严重影响，或者经用人单位提出，拒不改正的；

（五）因本法第二十六条第一款第一项规定的情形致使劳动合同无效的；

（六）被依法追究刑事责任的。

第四十条 有下列情形之一的，用人单位提前三十日以书面形式通知劳动者本人或者额外支付劳动者一个月工资后，可以解除劳动合同：

（一）劳动者患病或者非因工负伤，在规定的医疗期满后不能从事原工作，也不能从事由用人单位另行安排的工作的；

（二）劳动者不能胜任工作，经过培训或者调整工作岗位，仍不能胜任工作的；

（三）劳动合同订立时所依据的客观情况发生重大变化，致使劳动合同无法履行，经用人单位与劳动者协商，未能就变更劳动合同内容达成协议的。

第四十一条 有下列情形之一，需要裁减人员二十人以上或者裁减不足二十人但占企业职工总数百分之十以上的，用人单位提前三十日向工会或者全体职工说明情况，听取工会或者职工的意见后，裁减人员方案经向劳动行政部门报告，可以裁减人员：

（一）依照企业破产法规定进行重整的；

（二）生产经营发生严重困难的；

（三）企业转产、重大技术革新或者经营方式调整，经变更劳动合同后，仍需裁减人员的；

（四）其他因劳动合同订立时所依据的客观经济情况发生重大变化，致使劳动合同无法履行的。

裁减人员时，应当优先留用下列人员：

（一）与本单位订立较长期限的固定期限劳动合同的；

（二）与本单位订立无固定期限劳动合同的；

（三）家庭无其他就业人员，有需要扶养的老人或者未成年人的。

用人单位依照本条第一款规定裁减人员，在六个月内重新招用人员的，应当通知被裁减的人员，并在同等条件下优先招用被裁减的人员。

第四十二条　劳动者有下列情形之一的，用人单位不得依照本法第四十条、第四十一条的规定解除劳动合同：

（一）从事接触职业病危害作业的劳动者未进行离岗前职业健康检查，或者疑似职业病病人在诊断或者医学观察期间的；

（二）在本单位患职业病或者因工负伤并被确认丧失或者部分丧失劳动能力的；

（三）患病或者非因工负伤，在规定的医疗期内的；

（四）女职工在孕期、产期、哺乳期的；

（五）在本单位连续工作满十五年，且距法定退休年龄不足五年的；

（六）法律、行政法规规定的其他情形。

第四十三条　用人单位单方解除劳动合同，应当事先将理由通知工会。用人单位违反法律、行政法规规定或者劳动合同约定的，工会有权要求用人单位纠正。用人单位应当研究工会的意见，并将处理结果书面通知工会。

第四十四条 有下列情形之一的，劳动合同终止：

（一）劳动合同期满的；

（二）劳动者开始依法享受基本养老保险待遇的；

（三）劳动者死亡，或者被人民法院宣告死亡或者宣告失踪的；

（四）用人单位被依法宣告破产的；

（五）用人单位被吊销营业执照、责令关闭、撤销或者用人单位决定提前解散的；

（六）法律、行政法规规定的其他情形。

第四十五条 劳动合同期满，有本法第四十二条规定情形之一的，劳动合同应当续延至相应的情形消失时终止。但是，本法第四十二条第二项规定丧失或者部分丧失劳动能力劳动者的劳动合同的终止，按照国家有关工伤保险的规定执行。

第四十六条 有下列情形之一的，用人单位应当向劳动者支付经济补偿：

（一）劳动者依照本法第三十八条规定解除劳动合同的；

（二）用人单位依照本法第三十六条规定向劳动者提出解除劳动合同并与劳动者协商一致解除劳动合同的；

（三）用人单位依照本法第四十条规定解除劳动合同的；

（四）用人单位依照本法第四十一条第一款规定解除劳动合同的；

（五）除用人单位维持或者提高劳动合同约定条件续订劳动合同，劳动者不同意续订的情形外，依照本法第四十四条第一项规定终止固定期限劳动合同的；

（六）依照本法第四十四条第四项、第五项规定终止劳动合同的；

（七）法律、行政法规规定的其他情形。

第四十七条 经济补偿按劳动者在本单位工作的年限，每满一年支付一个月工资的标准向劳动者支付。六个月以上不满一年的，按一年计算；不满六个月的，向劳动者支付半个月工资的经济补偿。

劳动者月工资高于用人单位所在直辖市、设区的市级人民政府公布的本地区上年度职工月平均工资三倍的，向其支付经济补偿的标准按职工月平均工资三倍的数额支付，向其支付经济补偿的年限最高不超过十二年。

本条所称月工资是指劳动者在劳动合同解除或者终止前十二个月的平均工资。

第四十八条 用人单位违反本法规定解除或者终止劳动合同，劳动者要求继续履行劳动合同的，用人单位应当继续履行；劳动者不要求继续履行劳动合同或者劳动合同已经不能继续履行的，用人单位应当依照本法第八十七条规定支付赔偿金。

第四十九条 国家采取措施，建立健全劳动者社会保险关系跨地区转移接续制度。

第五十条 用人单位应当在解除或者终止劳动合同时出具解除或者终止劳动合同的证明，并在十五日内为劳动者办理档案和社会保险关系转移手续。

劳动者应当按照双方约定，办理工作交接。用人单位依照本法有关规定应当向劳动者支付经济补偿的，在办结工作交接时支付。

用人单位对已经解除或者终止的劳动合同的文本，至少保存二年备查。

第五章 特别规定

第一节 集体合同

第五十一条 企业职工一方与用人单位通过平等协商，可以就劳动报酬、工作时间、休息休假、劳动安全卫生、保险福利等事项订立集体合同。集体合同草案应当提交职工代表大会或者全体职工讨论通过。

集体合同由工会代表企业职工一方与用人单位订立；尚未建立

工会的用人单位，由上级工会指导劳动者推举的代表与用人单位订立。

第五十二条 企业职工一方与用人单位可以订立劳动安全卫生、女职工权益保护、工资调整机制等专项集体合同。

第五十三条 在县级以下区域内，建筑业、采矿业、餐饮服务业等行业可以由工会与企业方面代表订立行业性集体合同，或者订立区域性集体合同。

第五十四条 集体合同订立后，应当报送劳动行政部门；劳动行政部门自收到集体合同文本之日起十五日内未提出异议的，集体合同即行生效。

依法订立的集体合同对用人单位和劳动者具有约束力。行业性、区域性集体合同对当地本行业、本区域的用人单位和劳动者具有约束力。

第五十五条 集体合同中劳动报酬和劳动条件等标准不得低于当地人民政府规定的最低标准；用人单位与劳动者订立的劳动合同中劳动报酬和劳动条件等标准不得低于集体合同规定的标准。

第五十六条 用人单位违反集体合同，侵犯职工劳动权益的，工会可以依法要求用人单位承担责任；因履行集体合同发生争议，经协商解决不成的，工会可以依法申请仲裁、提起诉讼。

第二节 劳务派遣

第五十七条 经营劳务派遣业务应当具备下列条件：

（一）注册资本不得少于人民币二百万元；

（二）有与开展业务相适应的固定的经营场所和设施；

（三）有符合法律、行政法规规定的劳务派遣管理制度；

（四）法律、行政法规规定的其他条件。

经营劳务派遣业务，应当向劳动行政部门依法申请行政许可；经许可的，依法办理相应的公司登记。未经许可，任何单位和个人不得经营劳务派遣业务。

第五十八条　劳务派遣单位是本法所称用人单位，应当履行用人单位对劳动者的义务。劳务派遣单位与被派遣劳动者订立的劳动合同，除应当载明本法第十七条规定的事项外，还应当载明被派遣劳动者的用工单位以及派遣期限、工作岗位等情况。

劳务派遣单位应当与被派遣劳动者订立二年以上的固定期限劳动合同，按月支付劳动报酬；被派遣劳动者在无工作期间，劳务派遣单位应当按照所在地人民政府规定的最低工资标准，向其按月支付报酬。

第五十九条　劳务派遣单位派遣劳动者应当与接受以劳务派遣形式用工的单位（以下称用工单位）订立劳务派遣协议。劳务派遣协议应当约定派遣岗位和人员数量、派遣期限、劳动报酬和社会保险费的数额与支付方式以及违反协议的责任。

用工单位应当根据工作岗位的实际需要与劳务派遣单位确定派遣期限，不得将连续用工期限分割订立数个短期劳务派遣协议。

第六十条　劳务派遣单位应当将劳务派遣协议的内容告知被派遣劳动者。

劳务派遣单位不得克扣用工单位按照劳务派遣协议支付给被派遣劳动者的劳动报酬。

劳务派遣单位和用工单位不得向被派遣劳动者收取费用。

第六十一条　劳务派遣单位跨地区派遣劳动者的，被派遣劳动者享有的劳动报酬和劳动条件，按照用工单位所在地的标准执行。

第六十二条　用工单位应当履行下列义务：

（一）执行国家劳动标准，提供相应的劳动条件和劳动保护；

（二）告知被派遣劳动者的工作要求和劳动报酬；

（三）支付加班费、绩效奖金，提供与工作岗位相关的福利待遇；

（四）对在岗被派遣劳动者进行工作岗位所必需的培训；

（五）连续用工的，实行正常的工资调整机制。

用工单位不得将被派遣劳动者再派遣到其他用人单位。

第六十三条 被派遣劳动者享有与用工单位的劳动者同工同酬的权利。用工单位应当按照同工同酬原则，对被派遣劳动者与本单位同类岗位的劳动者实行相同的劳动报酬分配办法。用工单位无同类岗位劳动者的，参照用工单位所在地相同或者相近岗位劳动者的劳动报酬确定。

劳务派遣单位与被派遣劳动者订立的劳动合同和与用工单位订立的劳务派遣协议，载明或者约定的向被派遣劳动者支付的劳动报酬应当符合前款规定。

第六十四条 被派遣劳动者有权在劳务派遣单位或者用工单位依法参加或者组织工会，维护自身的合法权益。

第六十五条 被派遣劳动者可以依照本法第三十六条、第三十八条的规定与劳务派遣单位解除劳动合同。

被派遣劳动者有本法第三十九条和第四十条第一项、第二项规定情形的，用工单位可以将劳动者退回劳务派遣单位，劳务派遣单位依照本法有关规定，可以与劳动者解除劳动合同。

第六十六条 劳动合同用工是我国的企业基本用工形式。劳务派遣用工是补充形式，只能在临时性、辅助性或者替代性的工作岗位上实施。

前款规定的临时性工作岗位是指存续时间不超过六个月的岗位；辅助性工作岗位是指为主营业务岗位提供服务的非主营业务岗位；替代性工作岗位是指用工单位的劳动者因脱产学习、休假等原因无法工作的一定期间内，可以由其他劳动者替代工作的岗位。

用工单位应当严格控制劳务派遣用工数量，不得超过其用工总量的一定比例，具体比例由国务院劳动行政部门规定。

第六十七条 用人单位不得设立劳务派遣单位向本单位或者所属单位派遣劳动者。

第三节 非全日制用工

第六十八条 非全日制用工，是指以小时计酬为主，劳动者在同一用人单位一般平均每日工作时间不超过四小时，每周工作时间累计不超过二十四小时的用工形式。

第六十九条 非全日制用工双方当事人可以订立口头协议。

从事非全日制用工的劳动者可以与一个或者一个以上用人单位订立劳动合同；但是，后订立的劳动合同不得影响先订立的劳动合同的履行。

第七十条 非全日制用工双方当事人不得约定试用期。

第七十一条 非全日制用工双方当事人任何一方都可以随时通知对方终止用工。终止用工，用人单位不向劳动者支付经济补偿。

第七十二条 非全日制用工小时计酬标准不得低于用人单位所在地人民政府规定的最低小时工资标准。

非全日制用工劳动报酬结算支付周期最长不得超过十五日。

第六章 监督检查

第七十三条 国务院劳动行政部门负责全国劳动合同制度实施的监督管理。

县级以上地方人民政府劳动行政部门负责本行政区域内劳动合同制度实施的监督管理。

县级以上各级人民政府劳动行政部门在劳动合同制度实施的监督管理工作中，应当听取工会、企业方面代表以及有关行业主管部门的意见。

第七十四条 县级以上地方人民政府劳动行政部门依法对下列实施劳动合同制度的情况进行监督检查：

（一）用人单位制定直接涉及劳动者切身利益的规章制度及其执行的情况；

（二）用人单位与劳动者订立和解除劳动合同的情况；

（三）劳务派遣单位和用工单位遵守劳务派遣有关规定的情况；

（四）用人单位遵守国家关于劳动者工作时间和休息休假规定的情况；

（五）用人单位支付劳动合同约定的劳动报酬和执行最低工资标准的情况；

（六）用人单位参加各项社会保险和缴纳社会保险费的情况；

（七）法律、法规规定的其他劳动监察事项。

第七十五条 县级以上地方人民政府劳动行政部门实施监督检查时，有权查阅与劳动合同、集体合同有关的材料，有权对劳动场所进行实地检查，用人单位和劳动者都应当如实提供有关情况和材料。

劳动行政部门的工作人员进行监督检查，应当出示证件，依法行使职权，文明执法。

第七十六条 县级以上人民政府建设、卫生、安全生产监督管理等有关主管部门在各自职责范围内，对用人单位执行劳动合同制度的情况进行监督管理。

第七十七条 劳动者合法权益受到侵害的，有权要求有关部门依法处理，或者依法申请仲裁、提起诉讼。

第七十八条 工会依法维护劳动者的合法权益，对用人单位履行劳动合同、集体合同的情况进行监督。用人单位违反劳动法律、法规和劳动合同、集体合同的，工会有权提出意见或者要求纠正；劳动者申请仲裁、提起诉讼的，工会依法给予支持和帮助。

第七十九条 任何组织或者个人对违反本法的行为都有权举报，县级以上人民政府劳动行政部门应当及时核实、处理，并对举报有功人员给予奖励。

第七章　法律责任

第八十条 用人单位直接涉及劳动者切身利益的规章制度违反法律、法规规定的，由劳动行政部门责令改正，给予警告；给劳动者造成损害的，应当承担赔偿责任。

第八十一条 用人单位提供的劳动合同文本未载明本法规定的劳动合同必备条款或者用人单位未将劳动合同文本交付劳动者的，由劳动行政部门责令改正；给劳动者造成损害的，应当承担赔偿责任。

第八十二条 用人单位自用工之日起超过一个月不满一年未与劳动者订立书面劳动合同的，应当向劳动者每月支付二倍的工资。

用人单位违反本法规定不与劳动者订立无固定期限劳动合同的，自应当订立无固定期限劳动合同之日起向劳动者每月支付二倍的工资。

第八十三条 用人单位违反本法规定与劳动者约定试用期的，由劳动行政部门责令改正；违法约定的试用期已经履行的，由用人单位以劳动者试用期满月工资为标准，按已经履行的超过法定试用期的期间向劳动者支付赔偿金。

第八十四条 用人单位违反本法规定，扣押劳动者居民身份证等证件的，由劳动行政部门责令限期退还劳动者本人，并依照有关法律规定给予处罚。

用人单位违反本法规定，以担保或者其他名义向劳动者收取财物的，由劳动行政部门责令限期退还劳动者本人，并以每人五百元以上二千元以下的标准处以罚款；给劳动者造成损害的，应当承担赔偿责任。

劳动者依法解除或者终止劳动合同，用人单位扣押劳动者档案或者其他物品的，依照前款规定处罚。

第八十五条 用人单位有下列情形之一的，由劳动行政部门责令限期支付劳动报酬、加班费或者经济补偿；劳动报酬低于当地最低工资标准的，应当支付其差额部分；逾期不支付的，责令用人单位按应付金额百分之五十以上百分之一百以下的标准向劳动者加付赔偿金：

（一）未按照劳动合同的约定或者国家规定及时足额支付劳动者劳动报酬的；

（二）低于当地最低工资标准支付劳动者工资的；

（三）安排加班不支付加班费的；

（四）解除或者终止劳动合同，未依照本法规定向劳动者支付经济补偿的。

第八十六条 劳动合同依照本法第二十六条规定被确认无效，给对方造成损害的，有过错的一方应当承担赔偿责任。

第八十七条 用人单位违反本法规定解除或者终止劳动合同的，应当依照本法第四十七条规定的经济补偿标准的二倍向劳动者支付赔偿金。

第八十八条 用人单位有下列情形之一的，依法给予行政处罚；构成犯罪的，依法追究刑事责任；给劳动者造成损害的，应当承担赔偿责任：

（一）以暴力、威胁或者非法限制人身自由的手段强迫劳动的；

（二）违章指挥或者强令冒险作业危及劳动者人身安全的；

（三）侮辱、体罚、殴打、非法搜查或者拘禁劳动者的；

（四）劳动条件恶劣、环境污染严重，给劳动者身心健康造成严重损害的。

第八十九条 用人单位违反本法规定未向劳动者出具解除或者终止劳动合同的书面证明，由劳动行政部门责令改正；给劳动者造成损害的，应当承担赔偿责任。

第九十条 劳动者违反本法规定解除劳动合同，或者违反劳动合同中约定的保密义务或者竞业限制，给用人单位造成损失的，应当承担赔偿责任。

第九十一条 用人单位招用与其他用人单位尚未解除或者终止劳动合同的劳动者，给其他用人单位造成损失的，应当承担连带赔偿责任。

第九十二条 违反本法规定，未经许可，擅自经营劳务派遣业务的，由劳动行政部门责令停止违法行为，没收违法所得，并处违法所得一倍以上五倍以下的罚款；没有违法所得的，可以处五万元以下的罚款。

劳务派遣单位、用工单位违反本法有关劳务派遣规定的，由劳动行政部门责令限期改正；逾期不改正的，以每人五千元以上一万元以下的标准处以罚款，对劳务派遣单位，吊销其劳务派遣业务经营许可证。用工单位给被派遣劳动者造成损害的，劳务派遣单位与用工单位承担连带赔偿责任。

第九十三条 对不具备合法经营资格的用人单位的违法犯罪行为，依法追究法律责任；劳动者已经付出劳动的，该单位或者其出资人应当依照本法有关规定向劳动者支付劳动报酬、经济补偿、赔偿金；给劳动者造成损害的，应当承担赔偿责任。

第九十四条 个人承包经营违反本法规定招用劳动者，给劳动者造成损害的，发包的组织与个人承包经营者承担连带赔偿责任。

第九十五条 劳动行政部门和其他有关主管部门及其工作人员玩忽职守、不履行法定职责，或者违法行使职权，给劳动者或者用人单位造成损害的，应当承担赔偿责任；对直接负责的主管人员和其他直接责任人员，依法给予行政处分；构成犯罪的，依法追究刑事责任。

第八章　附　　则

第九十六条 事业单位与实行聘用制的工作人员订立、履行、变更、解除或者终止劳动合同，法律、行政法规或者国务院另有规定的，依照其规定；未作规定的，依照本法有关规定执行。

第九十七条 本法施行前已依法订立且在本法施行之日存续的劳动合同，继续履行；本法第十四条第二款第三项规定连续订立固定期限劳动合同的次数，自本法施行后续订固定期限劳动合同时开始计算。

本法施行前已建立劳动关系，尚未订立书面劳动合同的，应当自本法施行之日起一个月内订立。

本法施行之日存续的劳动合同在本法施行后解除或者终止，依照本法第四十六条规定应当支付经济补偿的，经济补偿年限自本法施行之日起计算；本法施行前按照当时有关规定，用人单位应当向劳动者支付经济补偿的，按照当时有关规定执行。

第九十八条 本法自2008年1月1日起施行。

中华人民共和国人民调解法

（2010年8月28日第十一届全国人民代表大会常务委员会第十六次会议通过　2010年8月28日中华人民共和国主席令第34号公布　自2011年1月1日起施行）

目　　录

第一章　总　　则

第一条　为了完善人民调解制度，规范人民调解活动，及时解决民间纠纷，维护社会和谐稳定，根据宪法，制定本法。

第二条　本法所称人民调解，是指人民调解委员会通过说服、疏导等方法，促使当事人在平等协商基础上自愿达成调解协议，解决民间纠纷的活动。

第三条　人民调解委员会调解民间纠纷，应当遵循下列原则：

（一）在当事人自愿、平等的基础上进行调解；

（二）不违背法律、法规和国家政策；

（三）尊重当事人的权利，不得因调解而阻止当事人依法通过仲裁、行政、司法等途径维护自己的权利。

第四条　人民调解委员会调解民间纠纷，不收取任何费用。

第五条　国务院司法行政部门负责指导全国的人民调解工作，

县级以上地方人民政府司法行政部门负责指导本行政区域的人民调解工作。

基层人民法院对人民调解委员会调解民间纠纷进行业务指导。

第六条 国家鼓励和支持人民调解工作。县级以上地方人民政府对人民调解工作所需经费应当给予必要的支持和保障，对有突出贡献的人民调解委员会和人民调解员按照国家规定给予表彰奖励。

第二章 人民调解委员会

第七条 人民调解委员会是依法设立的调解民间纠纷的群众性组织。

第八条 村民委员会、居民委员会设立人民调解委员会。企业事业单位根据需要设立人民调解委员会。

人民调解委员会由委员三至九人组成，设主任一人，必要时，可以设副主任若干人。

人民调解委员会应当有妇女成员，多民族居住的地区应当有人数较少民族的成员。

第九条 村民委员会、居民委员会的人民调解委员会委员由村民会议或者村民代表会议、居民会议推选产生；企业事业单位设立的人民调解委员会委员由职工大会、职工代表大会或者工会组织推选产生。

人民调解委员会委员每届任期三年，可以连选连任。

第十条 县级人民政府司法行政部门应当对本行政区域内人民调解委员会的设立情况进行统计，并且将人民调解委员会以及人员组成和调整情况及时通报所在地基层人民法院。

第十一条 人民调解委员会应当建立健全各项调解工作制度，听取群众意见，接受群众监督。

第十二条 村民委员会、居民委员会和企业事业单位应当为人民调解委员会开展工作提供办公条件和必要的工作经费。

第三章　人民调解员

第十三条　人民调解员由人民调解委员会委员和人民调解委员会聘任的人员担任。

第十四条　人民调解员应当由公道正派、热心人民调解工作，并具有一定文化水平、政策水平和法律知识的成年公民担任。

县级人民政府司法行政部门应当定期对人民调解员进行业务培训。

第十五条　人民调解员在调解工作中有下列行为之一的，由其所在的人民调解委员会给予批评教育、责令改正，情节严重的，由推选或者聘任单位予以罢免或者解聘：

（一）偏袒一方当事人的；

（二）侮辱当事人的；

（三）索取、收受财物或者牟取其他不正当利益的；

（四）泄露当事人的个人隐私、商业秘密的。

第十六条　人民调解员从事调解工作，应当给予适当的误工补贴；因从事调解工作致伤致残，生活发生困难的，当地人民政府应当提供必要的医疗、生活救助；在人民调解工作岗位上牺牲的人民调解员，其配偶、子女按照国家规定享受抚恤和优待。

第四章　调解程序

第十七条　当事人可以向人民调解委员会申请调解；人民调解委员会也可以主动调解。当事人一方明确拒绝调解的，不得调解。

第十八条　基层人民法院、公安机关对适宜通过人民调解方式解决的纠纷，可以在受理前告知当事人向人民调解委员会申请调解。

第十九条　人民调解委员会根据调解纠纷的需要，可以指定一名或者数名人民调解员进行调解，也可以由当事人选择一名或者数名人民调解员进行调解。

第二十条　人民调解员根据调解纠纷的需要，在征得当事人的同意后，可以邀请当事人的亲属、邻里、同事等参与调解，也可以邀请具有专门知识、特定经验的人员或者有关社会组织的人员参与调解。

人民调解委员会支持当地公道正派、热心调解、群众认可的社会人士参与调解。

第二十一条 人民调解员调解民间纠纷，应当坚持原则，明法析理，主持公道。

调解民间纠纷，应当及时、就地进行，防止矛盾激化。

第二十二条 人民调解员根据纠纷的不同情况，可以采取多种方式调解民间纠纷，充分听取当事人的陈述，讲解有关法律、法规和国家政策，耐心疏导，在当事人平等协商、互谅互让的基础上提出纠纷解决方案，帮助当事人自愿达成调解协议。

第二十三条 当事人在人民调解活动中享有下列权利：

（一）选择或者接受人民调解员；

（二）接受调解、拒绝调解或者要求终止调解；

（三）要求调解公开进行或者不公开进行；

（四）自主表达意愿、自愿达成调解协议。

第二十四条 当事人在人民调解活动中履行下列义务：

（一）如实陈述纠纷事实；

（二）遵守调解现场秩序，尊重人民调解员；

（三）尊重对方当事人行使权利。

第二十五条 人民调解员在调解纠纷过程中，发现纠纷有可能激化的，应当采取有针对性的预防措施；对有可能引起治安案件、刑事案件的纠纷，应当及时向当地公安机关或者其他有关部门报告。

第二十六条 人民调解员调解纠纷，调解不成的，应当终止调解，并依据有关法律、法规的规定，告知当事人可以依法通过仲裁、行政、司法等途径维护自己的权利。

第二十七条 人民调解员应当记录调解情况。人民调解委员会应当建立调解工作档案，将调解登记、调解工作记录、调解协议书等材料立卷归档。

第五章　调 解 协 议

第二十八条　经人民调解委员会调解达成调解协议的，可以制作调解协议书。当事人认为无需制作调解协议书的，可以采取口头协议方式，人民调解员应当记录协议内容。

第二十九条　调解协议书可以载明下列事项：

（一）当事人的基本情况；

（二）纠纷的主要事实、争议事项以及各方当事人的责任；

（三）当事人达成调解协议的内容，履行的方式、期限。

调解协议书自各方当事人签名、盖章或者按指印，人民调解员签名并加盖人民调解委员会印章之日起生效。调解协议书由当事人各执一份，人民调解委员会留存一份。

第三十条　口头调解协议自各方当事人达成协议之日起生效。

第三十一条　经人民调解委员会调解达成的调解协议，具有法律约束力，当事人应当按照约定履行。

人民调解委员会应当对调解协议的履行情况进行监督，督促当事人履行约定的义务。

第三十二条　经人民调解委员会调解达成调解协议后，当事人之间就调解协议的履行或者调解协议的内容发生争议的，一方当事人可以向人民法院提起诉讼。

第三十三条　经人民调解委员会调解达成调解协议后，双方当事人认为有必要的，可以自调解协议生效之日起三十日内共同向人民法院申请司法确认，人民法院应当及时对调解协议进行审查，依法确认调解协议的效力。

人民法院依法确认调解协议有效，一方当事人拒绝履行或者未全部履行的，对方当事人可以向人民法院申请强制执行。

人民法院依法确认调解协议无效的，当事人可以通过人民调解方式变更原调解协议或者达成新的调解协议，也可以向人民法院提起诉讼。

第六章　附　　则

第三十四条　乡镇、街道以及社会团体或者其他组织根据需要可以参照本法有关规定设立人民调解委员会，调解民间纠纷。

第三十五条　本法自 2011 年 1 月 1 日起施行。

中华人民共和国劳动合同法实施条例

（2008 年 9 月 3 日国务院第 25 次常务会议通过　2008 年 9 月 18 日中华人民共和国国务院令第 535 号公布　自公布之日起施行）

第一章　总　　则

第一条　为了贯彻实施《中华人民共和国劳动合同法》（以下简称劳动合同法），制定本条例。

第二条　各级人民政府和县级以上人民政府劳动行政等有关部门以及工会等组织，应当采取措施，推动劳动合同法的贯彻实施，促进劳动关系的和谐。

第三条　依法成立的会计师事务所、律师事务所等合伙组织和基金会，属于劳动合同法规定的用人单位。

第二章　劳动合同的订立

第四条　劳动合同法规定的用人单位设立的分支机构，依法取得营业执照或者登记证书的，可以作为用人单位与劳动者订立劳动合同；未依法取得营业执照或者登记证书的，受用人单位委托可以与劳动者订立劳动合同。

第五条　自用工之日起一个月内，经用人单位书面通知后，劳动者不与用人单位订立书面劳动合同的，用人单位应当书面通知劳动者终止劳动关系，无需向劳动者支付经济补偿，但是应当依法向劳动者支付其实际工作时间的劳动报酬。

第六条 用人单位自用工之日起超过一个月不满一年未与劳动者订立书面劳动合同的，应当依照劳动合同法第八十二条的规定向劳动者每月支付两倍的工资，并与劳动者补订书面劳动合同；劳动者不与用人单位订立书面劳动合同的，用人单位应当书面通知劳动者终止劳动关系，并依照劳动合同法第四十七条的规定支付经济补偿。

前款规定的用人单位向劳动者每月支付两倍工资的起算时间为用工之日起满一个月的次日，截止时间为补订书面劳动合同的前一日。

第七条 用人单位自用工之日起满一年未与劳动者订立书面劳动合同的，自用工之日起满一个月的次日至满一年的前一日应当依照劳动合同法第八十二条的规定向劳动者每月支付两倍的工资，并视为自用工之日起满一年的当日已经与劳动者订立无固定期限劳动合同，应当立即与劳动者补订书面劳动合同。

第八条 劳动合同法第七条规定的职工名册，应当包括劳动者姓名、性别、公民身份号码、户籍地址及现住址、联系方式、用工形式、用工起始时间、劳动合同期限等内容。

第九条 劳动合同法第十四条第二款规定的连续工作满10年的起始时间，应当自用人单位用工之日起计算，包括劳动合同法施行前的工作年限。

第十条 劳动者非因本人原因从原用人单位被安排到新用人单位工作的，劳动者在原用人单位的工作年限合并计算为新用人单位的工作年限。原用人单位已经向劳动者支付经济补偿的，新用人单位在依法解除、终止劳动合同计算支付经济补偿的工作年限时，不再计算劳动者在原用人单位的工作年限。

第十一条 除劳动者与用人单位协商一致的情形外，劳动者依照劳动合同法第十四条第二款的规定，提出订立无固定期限劳动合同的，用人单位应当与其订立无固定期限劳动合同。对劳动合同的内容，双方应当按照合法、公平、平等自愿、协商一致、诚实信用的原则协商确定；对协商不一致的内容，依照劳动合同法第十八条的规定执行。

第十二条　地方各级人民政府及县级以上地方人民政府有关部门为安置就业困难人员提供的给予岗位补贴和社会保险补贴的公益性岗位，其劳动合同不适用劳动合同法有关无固定期限劳动合同的规定以及支付经济补偿的规定。

第十三条　用人单位与劳动者不得在劳动合同法第四十四条规定的劳动合同终止情形之外约定其他的劳动合同终止条件。

第十四条　劳动合同履行地与用人单位注册地不一致的，有关劳动者的最低工资标准、劳动保护、劳动条件、职业危害防护和本地区上年度职工月平均工资标准等事项，按照劳动合同履行地的有关规定执行；用人单位注册地的有关标准高于劳动合同履行地的有关标准，且用人单位与劳动者约定按照用人单位注册地的有关规定执行的，从其约定。

第十五条　劳动者在试用期的工资不得低于本单位相同岗位最低档工资的80%或者不得低于劳动合同约定工资的80%，并不得低于用人单位所在地的最低工资标准。

第十六条　劳动合同法第二十二条第二款规定的培训费用，包括用人单位为了对劳动者进行专业技术培训而支付的有凭证的培训费用、培训期间的差旅费用以及因培训产生的用于该劳动者的其他直接费用。

第十七条　劳动合同期满，但是用人单位与劳动者依照劳动合同法第二十二条的规定约定的服务期尚未到期的，劳动合同应当续延至服务期满；双方另有约定的，从其约定。

第三章　劳动合同的解除和终止

第十八条　有下列情形之一的，依照劳动合同法规定的条件、程序，劳动者可以与用人单位解除固定期限劳动合同、无固定期限劳动合同或者以完成一定工作任务为期限的劳动合同：

（一）劳动者与用人单位协商一致的；

（二）劳动者提前30日以书面形式通知用人单位的；

（三）劳动者在试用期内提前3日通知用人单位的；

（四）用人单位未按照劳动合同约定提供劳动保护或者劳动条件的；

（五）用人单位未及时足额支付劳动报酬的；

（六）用人单位未依法为劳动者缴纳社会保险费的；

（七）用人单位的规章制度违反法律、法规的规定，损害劳动者权益的；

（八）用人单位以欺诈、胁迫的手段或者乘人之危，使劳动者在违背真实意思的情况下订立或者变更劳动合同的；

（九）用人单位在劳动合同中免除自己的法定责任、排除劳动者权利的；

（十）用人单位违反法律、行政法规强制性规定的；

（十一）用人单位以暴力、威胁或者非法限制人身自由的手段强迫劳动者劳动的；

（十二）用人单位违章指挥、强令冒险作业危及劳动者人身安全的；

（十三）法律、行政法规规定劳动者可以解除劳动合同的其他情形。

第十九条 有下列情形之一的，依照劳动合同法规定的条件、程序，用人单位可以与劳动者解除固定期限劳动合同、无固定期限劳动合同或者以完成一定工作任务为期限的劳动合同：

（一）用人单位与劳动者协商一致的；

（二）劳动者在试用期间被证明不符合录用条件的；

（三）劳动者严重违反用人单位的规章制度的；

（四）劳动者严重失职，营私舞弊，给用人单位造成重大损害的；

（五）劳动者同时与其他用人单位建立劳动关系，对完成本单位的工作任务造成严重影响，或者经用人单位提出，拒不改正的；

（六）劳动者以欺诈、胁迫的手段或者乘人之危，使用人单位在违背真实意思的情况下订立或者变更劳动合同的；

（七）劳动者被依法追究刑事责任的；

（八）劳动者患病或者非因工负伤，在规定的医疗期满后不能从事原工作，也不能从事由用人单位另行安排的工作的；

（九）劳动者不能胜任工作，经过培训或者调整工作岗位，仍不能胜任工作的；

（十）劳动合同订立时所依据的客观情况发生重大变化，致使劳动合同无法履行，经用人单位与劳动者协商，未能就变更劳动合同内容达成协议的；

（十一）用人单位依照企业破产法规定进行重整的；

（十二）用人单位生产经营发生严重困难的；

（十三）企业转产、重大技术革新或者经营方式调整，经变更劳动合同后，仍需裁减人员的；

（十四）其他因劳动合同订立时所依据的客观经济情况发生重大变化，致使劳动合同无法履行的。

第二十条 用人单位依照劳动合同法第四十条的规定，选择额外支付劳动者一个月工资解除劳动合同的，其额外支付的工资应当按照该劳动者上一个月的工资标准确定。

第二十一条 劳动者达到法定退休年龄的，劳动合同终止。

第二十二条 以完成一定工作任务为期限的劳动合同因任务完成而终止的，用人单位应当依照劳动合同法第四十七条的规定向劳动者支付经济补偿。

第二十三条 用人单位依法终止工伤职工的劳动合同的，除依照劳动合同法第四十七条的规定支付经济补偿外，还应当依照国家有关工伤保险的规定支付一次性工伤医疗补助金和伤残就业补助金。

第二十四条 用人单位出具的解除、终止劳动合同的证明，应当写明劳动合同期限、解除或者终止劳动合同的日期、工作岗位、在本单位的工作年限。

第二十五条 用人单位违反劳动合同法的规定解除或者终止劳动合同，依照劳动合同法第八十七条的规定支付了赔偿金的，不再支付经济补偿。赔偿金的计算年限自用工之日起计算。

第二十六条 用人单位与劳动者约定了服务期，劳动者依照劳动合同法第三十八条的规定解除劳动合同的，不属于违反服务期的约定，用人单位不得要求劳动者支付违约金。

有下列情形之一，用人单位与劳动者解除约定服务期的劳动合同的，劳动者应当按照劳动合同的约定向用人单位支付违约金：

（一）劳动者严重违反用人单位的规章制度的；

（二）劳动者严重失职，营私舞弊，给用人单位造成重大损害的；

（三）劳动者同时与其他用人单位建立劳动关系，对完成本单位的工作任务造成严重影响，或者经用人单位提出，拒不改正的；

（四）劳动者以欺诈、胁迫的手段或者乘人之危，使用人单位在违背真实意思的情况下订立或者变更劳动合同的；

（五）劳动者被依法追究刑事责任的。

第二十七条 劳动合同法第四十七条规定的经济补偿的月工资按照劳动者应得工资计算，包括计时工资或者计件工资以及奖金、津贴和补贴等货币性收入。劳动者在劳动合同解除或者终止前12个月的平均工资低于当地最低工资标准的，按照当地最低工资标准计算。劳动者工作不满12个月的，按照实际工作的月数计算平均工资。

第四章　劳务派遣特别规定

第二十八条 用人单位或者其所属单位出资或者合伙设立的劳务派遣单位，向本单位或者所属单位派遣劳动者的，属于劳动合同法第六十七条规定的不得设立的劳务派遣单位。

第二十九条 用工单位应当履行劳动合同法第六十二条规定的

义务，维护被派遣劳动者的合法权益。

第三十条 劳务派遣单位不得以非全日制用工形式招用被派遣劳动者。

第三十一条 劳务派遣单位或者被派遣劳动者依法解除、终止劳动合同的经济补偿，依照劳动合同法第四十六条、第四十七条的规定执行。

第三十二条 劳务派遣单位违法解除或者终止被派遣劳动者的劳动合同的，依照劳动合同法第四十八条的规定执行。

第五章 法律责任

第三十三条 用人单位违反劳动合同法有关建立职工名册规定的，由劳动行政部门责令限期改正；逾期不改正的，由劳动行政部门处 2000 元以上 2 万元以下的罚款。

第三十四条 用人单位依照劳动合同法的规定应当向劳动者每月支付两倍的工资或者应当向劳动者支付赔偿金而未支付的，劳动行政部门应当责令用人单位支付。

第三十五条 用工单位违反劳动合同法和本条例有关劳务派遣规定的，由劳动行政部门和其他有关主管部门责令改正；情节严重的，以每位被派遣劳动者 1000 元以上 5000 元以下的标准处以罚款；给被派遣劳动者造成损害的，劳务派遣单位和用工单位承担连带赔偿责任。

第六章 附 则

第三十六条 对违反劳动合同法和本条例的行为的投诉、举报，县级以上地方人民政府劳动行政部门依照《劳动保障监察条例》的规定处理。

第三十七条 劳动者与用人单位因订立、履行、变更、解除或者终止劳动合同发生争议的，依照《中华人民共和国劳动争议调解仲裁法》的规定处理。

第三十八条 本条例自公布之日起施行。

劳动人事争议仲裁组织规则

（2017 年 5 月 8 日人力资源社会保障部令第 34 号公布 自 2017 年 7 月 1 日起施行）

第一章　总　　则

第一条　为公正及时处理劳动人事争议（以下简称争议），根据《中华人民共和国劳动争议调解仲裁法》（以下简称调解仲裁法）和《中华人民共和国公务员法》、《事业单位人事管理条例》、《中国人民解放军文职人员条例》等有关法律、法规，制定本规则。

第二条　劳动人事争议仲裁委员会（以下简称仲裁委员会）由人民政府依法设立，专门处理争议案件。

第三条　人力资源社会保障行政部门负责指导本行政区域的争议调解仲裁工作，组织协调处理跨地区、有影响的重大争议，负责仲裁员的管理、培训等工作。

第二章　仲裁委员会及其办事机构

第四条　仲裁委员会按照统筹规划、合理布局和适应实际需要的原则设立，由省、自治区、直辖市人民政府依法决定。

第五条　仲裁委员会由干部主管部门代表、人力资源社会保障等相关行政部门代表、军队文职人员工作管理部门代表、工会代表和用人单位方面代表等组成。

仲裁委员会组成人员应当是单数。

第六条　仲裁委员会设主任一名，副主任和委员若干名。

仲裁委员会主任由政府负责人或者人力资源社会保障行政部门主要负责人担任。

第七条　仲裁委员会依法履行下列职责：

（一）聘任、解聘专职或者兼职仲裁员；

（二）受理争议案件；

（三）讨论重大或者疑难的争议案件；

（四）监督本仲裁委员会的仲裁活动；

（五）制定本仲裁委员会的工作规则；

（六）其他依法应当履行的职责。

第八条 仲裁委员会应当每年至少召开两次全体会议，研究本仲裁委员会职责履行情况和重要工作事项。

仲裁委员会主任或者三分之一以上的仲裁委员会组成人员提议召开仲裁委员会会议的，应当召开。

仲裁委员会的决定实行少数服从多数原则。

第九条 仲裁委员会下设实体化的办事机构，具体承担争议调解仲裁等日常工作。办事机构称为劳动人事争议仲裁院（以下简称仲裁院），设在人力资源社会保障行政部门。

仲裁院对仲裁委员会负责并报告工作。

第十条 仲裁委员会的经费依法由财政予以保障。仲裁经费包括人员经费、公用经费、仲裁专项经费等。

仲裁院可以通过政府购买服务等方式聘用记录人员、安保人员等办案辅助人员。

第十一条 仲裁委员会组成单位可以派兼职仲裁员常驻仲裁院，参与争议调解仲裁活动。

第三章 仲裁庭

第十二条 仲裁委员会处理争议案件实行仲裁庭制度，实行一案一庭制。

仲裁委员会可以根据案件处理实际需要设立派驻仲裁庭、巡回仲裁庭、流动仲裁庭，就近就地处理争议案件。

第十三条 处理下列争议案件应当由三名仲裁员组成仲裁庭，设首席仲裁员：

（一）十人以上并有共同请求的争议案件；

（二）履行集体合同发生的争议案件；

（三）有重大影响或者疑难复杂的争议案件；

（四）仲裁委员会认为应当由三名仲裁员组庭处理的其他争议案件。

简单争议案件可以由一名仲裁员独任仲裁。

第十四条 记录人员负责案件庭审记录等相关工作。

记录人员不得由本庭仲裁员兼任。

第十五条 仲裁庭组成不符合规定的，仲裁委员会应当予以撤销并重新组庭。

第十六条 仲裁委员会应当有专门的仲裁场所。仲裁场所应当悬挂仲裁徽章，张贴仲裁庭纪律及注意事项等，并配备仲裁庭专业设备、档案储存设备、安全监控设备和安检设施等。

第十七条 仲裁工作人员在仲裁活动中应当统一着装，佩戴仲裁徽章。

第四章 仲裁员

第十八条 仲裁员是由仲裁委员会聘任、依法调解和仲裁争议案件的专业工作人员。

仲裁员分为专职仲裁员和兼职仲裁员。专职仲裁员和兼职仲裁员在调解仲裁活动中享有同等权利，履行同等义务。

兼职仲裁员进行仲裁活动，所在单位应当予以支持。

第十九条 仲裁委员会应当依法聘任一定数量的专职仲裁员，也可以根据办案工作需要，依法从干部主管部门、人力资源社会保障行政部门、军队文职人员工作管理部门、工会、企业组织等相关机构的人员以及专家学者、律师中聘任兼职仲裁员。

第二十条 仲裁员享有以下权利：

（一）履行职责应当具有的职权和工作条件；

（二）处理争议案件不受干涉；

（三）人身、财产安全受到保护；

（四）参加聘前培训和在职培训；

（五）法律、法规规定的其他权利。

第二十一条 仲裁员应当履行以下义务：

（一）依法处理争议案件；

（二）维护国家利益和公共利益，保护当事人合法权益；

（三）严格执行廉政规定，恪守职业道德；

（四）自觉接受监督；

（五）法律、法规规定的其他义务。

第二十二条 仲裁委员会聘任仲裁员时，应当从符合调解仲裁法第二十条规定的仲裁员条件的人员中选聘。

仲裁委员会应当根据工作需要，合理配备专职仲裁员和办案辅助人员。专职仲裁员数量不得少于三名，办案辅助人员不得少于一名。

第二十三条 仲裁委员会应当设仲裁员名册，并予以公告。

省、自治区、直辖市人力资源社会保障行政部门应当将本行政区域内仲裁委员会聘任的仲裁员名单报送人力资源社会保障部备案。

第二十四条 仲裁员聘期一般为五年。仲裁委员会负责仲裁员考核，考核结果作为解聘和续聘仲裁员的依据。

第二十五条 仲裁委员会应当制定仲裁员工作绩效考核标准，重点考核办案质量和效率、工作作风、遵纪守法情况等。考核结果分为优秀、合格、不合格。

第二十六条 仲裁员有下列情形之一的，仲裁委员会应当予以解聘：

（一）聘期届满不再续聘的；

（二）在聘期内因工作岗位变动或者其他原因不再履行仲裁员职责的；

（三）年度考核不合格的；

（四）因违纪、违法犯罪不能继续履行仲裁员职责的；

（五）其他应当解聘的情形。

第二十七条　人力资源社会保障行政部门负责对拟聘任的仲裁员进行聘前培训。

拟聘为省、自治区、直辖市仲裁委员会仲裁员及副省级市仲裁委员会仲裁员的，参加人力资源社会保障部组织的聘前培训；拟聘为地（市）、县（区）仲裁委员会仲裁员的，参加省、自治区、直辖市人力资源社会保障行政部门组织的仲裁员聘前培训。

第二十八条　人力资源社会保障行政部门负责每年对本行政区域内的仲裁员进行政治思想、职业道德、业务能力和作风建设培训。

仲裁员每年脱产培训的时间累计不少于四十学时。

第二十九条　仲裁委员会应当加强仲裁员作风建设，培育和弘扬具有行业特色的仲裁文化。

第三十条　人力资源社会保障部负责组织制定仲裁员培训大纲，开发培训教材，建立师资库和考试题库。

第三十一条　建立仲裁员职业保障机制，拓展仲裁员职业发展空间。

第五章　仲裁监督

第三十二条　仲裁委员会应当建立仲裁监督制度，对申请受理、办案程序、处理结果、仲裁工作人员行为等进行监督。

第三十三条　仲裁员不得有下列行为：

（一）徇私枉法，偏袒一方当事人；

（二）滥用职权，侵犯当事人合法权益；

（三）利用职权为自己或者他人谋取私利；

（四）隐瞒证据或者伪造证据；

（五）私自会见当事人及其代理人，接受当事人及其代理人的请客送礼；

（六）故意拖延办案、玩忽职守；

（七）泄露案件涉及的国家秘密、商业秘密和个人隐私或者擅自透露案件处理情况；

（八）在受聘期间担任所在仲裁委员会受理案件的代理人；

（九）其他违法违纪的行为。

第三十四条 仲裁员有本规则第三十三条规定情形的，仲裁委员会视情节轻重，给予批评教育、解聘等处理；被解聘的，五年内不得再次被聘为仲裁员。仲裁员所在单位根据国家有关规定对其给予处分；构成犯罪的，依法追究刑事责任。

第三十五条 记录人员等办案辅助人员应当认真履行职责，严守工作纪律，不得有玩忽职守、偏袒一方当事人、泄露案件涉及的国家秘密、商业秘密和个人隐私或者擅自透露案件处理情况等行为。

办案辅助人员违反前款规定的，应当按照有关法律法规和本规则第三十四条的规定处理。

第六章 附　　则

第三十六条 被聘任为仲裁员的，由人力资源社会保障部统一免费发放仲裁员证和仲裁徽章。

第三十七条 仲裁委员会对被解聘、辞职以及其他原因不再聘任的仲裁员，应当及时收回仲裁员证和仲裁徽章，并予以公告。

第三十八条 本规则自2017年7月1日起施行。2010年1月20日人力资源社会保障部公布的《劳动人事争议仲裁组织规则》（人力资源和社会保障部令第5号）同时废止。

劳动人事争议仲裁办案规则

（2017年5月8日人力资源社会保障部令第33号公布
自2017年7月1日起施行）

第一章 总　　则

第一条 为公正及时处理劳动人事争议（以下简称争议），规范仲裁办案程序，根据《中华人民共和国劳动争议调解仲裁法》（以下简称调解仲裁法）以及《中华人民共和国公务员法》（以下简称公务员法）、《事业单位人事管理条例》、《中国人民解放军文职人员条例》和有关法律、法规、国务院有关规定，制定本规则。

第二条 本规则适用下列争议的仲裁：

（一）企业、个体经济组织、民办非企业单位等组织与劳动者之间，以及机关、事业单位、社会团体与其建立劳动关系的劳动者之间，因确认劳动关系，订立、履行、变更、解除和终止劳动合同，工作时间、休息休假、社会保险、福利、培训以及劳动保护，劳动报酬、工伤医疗费、经济补偿或者赔偿金等发生的争议；

（二）实施公务员法的机关与聘任制公务员之间、参照公务员法管理的机关（单位）与聘任工作人员之间因履行聘任合同发生的争议；

（三）事业单位与其建立人事关系的工作人员之间因终止人事关系以及履行聘用合同发生的争议；

（四）社会团体与其建立人事关系的工作人员之间因终止人事关系以及履行聘用合同发生的争议；

（五）军队文职人员用人单位与聘用制文职人员之间因履行聘用合同发生的争议；

（六）法律、法规规定由劳动人事争议仲裁委员会（以下简称仲裁委员会）处理的其他争议。

第三条 仲裁委员会处理争议案件，应当遵循合法、公正的原则，先行调解，及时裁决。

第四条 仲裁委员会下设实体化的办事机构，称为劳动人事争议仲裁院（以下简称仲裁院）。

第五条 劳动者一方在十人以上并有共同请求的争议，或者因履行集体合同发生的劳动争议，仲裁委员会应当优先立案，优先审理。

第二章　一般规定

第六条 发生争议的用人单位未办理营业执照、被吊销营业执照、营业执照到期继续经营、被责令关闭、被撤销以及用人单位解散、歇业，不能承担相关责任的，应当将用人单位和其出资人、开办单位或者主管部门作为共同当事人。

第七条 劳动者与个人承包经营者发生争议，依法向仲裁委员会申请仲裁的，应当将发包的组织和个人承包经营者作为共同当事人。

第八条 劳动合同履行地为劳动者实际工作场所地，用人单位所在地为用人单位注册、登记地或者主要办事机构所在地。用人单位未经注册、登记的，其出资人、开办单位或者主管部门所在地为用人单位所在地。

双方当事人分别向劳动合同履行地和用人单位所在地的仲裁委员会申请仲裁的，由劳动合同履行地的仲裁委员会管辖。有多个劳动合同履行地的，由最先受理的仲裁委员会管辖。劳动合同履行地不明确的，由用人单位所在地的仲裁委员会管辖。

案件受理后，劳动合同履行地或者用人单位所在地发生变化的，不改变争议仲裁的管辖。

第九条 仲裁委员会发现已受理案件不属于其管辖范围的，应当移送至有管辖权的仲裁委员会，并书面通知当事人。

对上述移送案件，受移送的仲裁委员会应当依法受理。受移送的仲裁委员会认为移送的案件按照规定不属于其管辖，或者仲裁委员会之间因管辖争议协商不成的，应当报请共同的上一级仲裁委员会主管部门指定管辖。

第十条 当事人提出管辖异议的，应当在答辩期满前书面提出。仲裁委员会应当审查当事人提出的管辖异议，异议成立的，将案件移送至有管辖权的仲裁委员会并书面通知当事人；异议不成立的，应当书面决定驳回。

当事人逾期提出的，不影响仲裁程序的进行。

第十一条 当事人申请回避，应当在案件开庭审理前提出，并说明理由。回避事由在案件开庭审理后知晓的，也可以在庭审辩论终结前提出。

当事人在庭审辩论终结后提出回避申请的，不影响仲裁程序的进行。

仲裁委员会应当在回避申请提出的三日内，以口头或者书面形式作出决定。以口头形式作出的，应当记入笔录。

第十二条 仲裁员、记录人员是否回避，由仲裁委员会主任或者其委托的仲裁院负责人决定。仲裁委员会主任担任案件仲裁员是否回避，由仲裁委员会决定。

在回避决定作出前，被申请回避的人员应当暂停参与该案处理，但因案件需要采取紧急措施的除外。

第十三条 当事人对自己提出的主张有责任提供证据。与争议事项有关的证据属于用人单位掌握管理的，用人单位应当提供；用人单位不提供的，应当承担不利后果。

第十四条 法律没有具体规定、按照本规则第十三条规定无法确定举证责任承担的，仲裁庭可以根据公平原则和诚实信用原则，综合当事人举证能力等因素确定举证责任的承担。

第十五条 承担举证责任的当事人应当在仲裁委员会指定的期限内提供有关证据。当事人在该期限内提供证据确有困难的，可以向仲裁委员会申请延长期限，仲裁委员会根据当事人的申请适当延长。当事人逾期提供证据的，仲裁委员会应当责令其说明理由；拒不说明理由或者理由不成立的，仲裁委员会可以根据不同情形不予采纳该证据，或者采纳该证据但予以训诫。

第十六条 当事人因客观原因不能自行收集的证据，仲裁委员会可以根据当事人的申请，参照民事诉讼有关规定予以收集；仲裁委员会认为有必要的，也可以决定参照民事诉讼有关规定予以收集。

第十七条 仲裁委员会依法调查取证时，有关单位和个人应当协助配合。

仲裁委员会调查取证时，不得少于两人，并应当向被调查对象出示工作证件和仲裁委员会出具的介绍信。

第十八条 争议处理中涉及证据形式、证据提交、证据交换、证据质证、证据认定等事项，本规则未规定的，可以参照民事诉讼证据规则的有关规定执行。

第十九条 仲裁期间包括法定期间和仲裁委员会指定期间。

仲裁期间的计算，本规则未规定的，仲裁委员会可以参照民事诉讼关于期间计算的有关规定执行。

第二十条 仲裁委员会送达仲裁文书必须有送达回证，由受送达人在送达回证上记明收到日期，并签名或者盖章。受送达人在送达回证上的签收日期为送达日期。

因企业停业等原因导致无法送达且劳动者一方在十人以上的，或者受送达人拒绝签收仲裁文书的，通过在受送达人住所留置、张贴仲裁文书，并采用拍照、录像等方式记录的，自留置、张贴之日起经过三日即视为送达，不受本条第一款的限制。

仲裁文书的送达方式，本规则未规定的，仲裁委员会可以参照民事诉讼关于送达方式的有关规定执行。

第二十一条 案件处理终结后，仲裁委员会应当将处理过程中形成的全部材料立卷归档。

第二十二条 仲裁案卷分正卷和副卷装订。

正卷包括：仲裁申请书、受理（不予受理）通知书、答辩书、当事人及其他仲裁参加人的身份证明材料、授权委托书、调查证据、勘验笔录、当事人提供的证据材料、委托鉴定材料、开庭通知、庭审笔录、延期通知书、撤回仲裁申请书、调解书、裁决书、决定书、案件移送函、送达回证等。

副卷包括：立案审批表、延期审理审批表、中止审理审批表、调查提纲、阅卷笔录、会议笔录、评议记录、结案审批表等。

第二十三条 仲裁委员会应当建立案卷查阅制度。对案卷正卷材料，应当允许当事人及其代理人依法查阅、复制。

第二十四条 仲裁裁决结案的案卷，保存期不少于十年；仲裁调解和其他方式结案的案卷，保存期不少于五年；国家另有规定的，从其规定。

保存期满后的案卷，应当按照国家有关档案管理的规定处理。

第二十五条 在仲裁活动中涉及国家秘密或者军事秘密的，按照国家或者军队有关保密规定执行。

当事人协议不公开或者涉及商业秘密和个人隐私的，经相关当事人书面申请，仲裁委员会应当不公开审理。

第三章 仲裁程序

第一节 申请和受理

第二十六条 本规则第二条第（一）、（三）、（四）、（五）项规定的争议，申请仲裁的时效期间为一年。仲裁时效期间从当事人知道或者应当知道其权利被侵害之日起计算。

本规则第二条第（二）项规定的争议，申请仲裁的时效期间适用公务员法有关规定。

劳动人事关系存续期间因拖欠劳动报酬发生争议的，劳动者申请仲裁不受本条第一款规定的仲裁时效期间的限制；但是，劳动人事关系终止的，应当自劳动人事关系终止之日起一年内提出。

第二十七条 在申请仲裁的时效期间内，有下列情形之一的，仲裁时效中断：

（一）一方当事人通过协商、申请调解等方式向对方当事人主张权利的；

（二）一方当事人通过向有关部门投诉，向仲裁委员会申请仲裁，向人民法院起诉或者申请支付令等方式请求权利救济的；

（三）对方当事人同意履行义务的。

从中断时起，仲裁时效期间重新计算。

第二十八条 因不可抗力，或者有无民事行为能力或者限制民事行为能力劳动者的法定代理人未确定等其他正当理由，当事人不能在规定的仲裁时效期间申请仲裁的，仲裁时效中止。从中止时效的原因消除之日起，仲裁时效期间继续计算。

第二十九条 申请人申请仲裁应当提交书面仲裁申请，并按照被申请人人数提交副本。

仲裁申请书应当载明下列事项：

（一）劳动者的姓名、性别、出生日期、身份证件号码、住所、通讯地址和联系电话，用人单位的名称、住所、通讯地址、联系电话和法定代表人或者主要负责人的姓名、职务；

（二）仲裁请求和所根据的事实、理由；

（三）证据和证据来源，证人姓名和住所。

书写仲裁申请确有困难的，可以口头申请，由仲裁委员会记入笔录，经申请人签名、盖章或者捺印确认。

对于仲裁申请书不规范或者材料不齐备的，仲裁委员会应当当场或者在五日内一次性告知申请人需要补正的全部材料。

仲裁委员会收取当事人提交的材料应当出具收件回执。

第三十条 仲裁委员会对符合下列条件的仲裁申请应当予以受理，并在收到仲裁申请之日起五日内向申请人出具受理通知书：

（一）属于本规则第二条规定的争议范围；

（二）有明确的仲裁请求和事实理由；

（三）申请人是与本案有直接利害关系的自然人、法人或者其他组织，有明确的被申请人；

（四）属于本仲裁委员会管辖范围。

第三十一条 对不符合本规则第三十条第（一）、（二）、（三）项规定之一的仲裁申请，仲裁委员会不予受理，并在收到仲裁申请之日起五日内向申请人出具不予受理通知书；对不符合本规则第三十条第（四）项规定的仲裁申请，仲裁委员会应当在收到仲裁申请之日起五日内，向申请人作出书面说明并告知申请人向有管辖权的仲裁委员会申请仲裁。

对仲裁委员会逾期未作出决定或者决定不予受理的，申请人可以就该争议事项向人民法院提起诉讼。

第三十二条　仲裁委员会受理案件后，发现不应当受理的，除本规则第九条规定外，应当撤销案件，并自决定撤销案件后五日内，以决定书的形式通知当事人。

第三十三条　仲裁委员会受理仲裁申请后，应当在五日内将仲裁申请书副本送达被申请人。

被申请人收到仲裁申请书副本后，应当在十日内向仲裁委员会提交答辩书。仲裁委员会收到答辩书后，应当在五日内将答辩书副本送达申请人。被申请人逾期未提交答辩书的，不影响仲裁程序的进行。

第三十四条　符合下列情形之一，申请人基于同一事实、理由和仲裁请求又申请仲裁的，仲裁委员会不予受理：

（一）仲裁委员会已经依法出具不予受理通知书的；

（二）案件已在仲裁、诉讼过程中或者调解书、裁决书、判决书已经发生法律效力的。

第三十五条　仲裁处理结果作出前，申请人可以自行撤回仲裁申请。申请人再次申请仲裁的，仲裁委员会应当受理。

第三十六条　被申请人可以在答辩期间提出反申请，仲裁委员会应当自收到被申请人反申请之日起五日内决定是否受理并通知被申请人。

决定受理的，仲裁委员会可以将反申请和申请合并处理。

反申请应当另行申请仲裁的，仲裁委员会应当书面告知被申请人另行申请仲裁；反申请不属于本规则规定应当受理的，仲裁委员会应当向被申请人出具不予受理通知书。

被申请人答辩期满后对申请人提出反申请的，应当另行申请仲裁。

第二节　开庭和裁决

第三十七条　仲裁委员会应当在受理仲裁申请之日起五日内组成仲裁庭并将仲裁庭的组成情况书面通知当事人。

第三十八条 仲裁庭应当在开庭五日前，将开庭日期、地点书面通知双方当事人。当事人有正当理由的，可以在开庭三日前请求延期开庭。是否延期，由仲裁委员会根据实际情况决定。

第三十九条 申请人收到书面开庭通知，无正当理由拒不到庭或者未经仲裁庭同意中途退庭的，可以按撤回仲裁申请处理；申请人重新申请仲裁的，仲裁委员会不予受理。被申请人收到书面开庭通知，无正当理由拒不到庭或者未经仲裁庭同意中途退庭的，仲裁庭可以继续开庭审理，并缺席裁决。

第四十条 当事人申请鉴定的，鉴定费由申请鉴定方先行垫付，案件处理终结后，由鉴定结果对其不利方负担。鉴定结果不明确的，由申请鉴定方负担。

第四十一条 开庭审理前，记录人员应当查明当事人和其他仲裁参与人是否到庭，宣布仲裁庭纪律。

开庭审理时，由仲裁员宣布开庭、案由和仲裁员、记录人员名单，核对当事人，告知当事人有关的权利义务，询问当事人是否提出回避申请。

开庭审理中，仲裁员应当听取申请人的陈述和被申请人的答辩，主持庭审调查、质证和辩论、征询当事人最后意见，并进行调解。

第四十二条 仲裁庭应当将开庭情况记入笔录。当事人或者其他仲裁参与人认为对自己陈述的记录有遗漏或者差错的，有权当庭申请补正。仲裁庭认为申请无理由或者无必要的，可以不予补正，但是应当记录该申请。

仲裁员、记录人员、当事人和其他仲裁参与人应当在庭审笔录上签名或者盖章。当事人或者其他仲裁参与人拒绝在庭审笔录上签名或者盖章的，仲裁庭应当记明情况附卷。

第四十三条 仲裁参与人和其他人应当遵守仲裁庭纪律，不得有下列行为：

（一）未经准许进行录音、录像、摄影；

（二）未经准许以移动通信等方式现场传播庭审活动；

（三）其他扰乱仲裁庭秩序、妨害审理活动进行的行为。

仲裁参与人或者其他人有前款规定的情形之一的，仲裁庭可以训诫、责令退出仲裁庭，也可以暂扣进行录音、录像、摄影、传播庭审活动的器材，并责令其删除有关内容。拒不删除的，可以采取必要手段强制删除，并将上述事实记入庭审笔录。

第四十四条 申请人在举证期限届满前可以提出增加或者变更仲裁请求；仲裁庭对申请人增加或者变更的仲裁请求审查后认为应当受理的，应当通知被申请人并给予答辩期，被申请人明确表示放弃答辩期的除外。

申请人在举证期限届满后提出增加或者变更仲裁请求的，应当另行申请仲裁。

第四十五条 仲裁庭裁决案件，应当自仲裁委员会受理仲裁申请之日起四十五日内结束。案情复杂需要延期的，经仲裁委员会主任或者其委托的仲裁院负责人书面批准，可以延期并书面通知当事人，但延长期限不得超过十五日。

第四十六条 有下列情形的，仲裁期限按照下列规定计算：

（一）仲裁庭追加当事人或者第三人的，仲裁期限从决定追加之日起重新计算；

（二）申请人需要补正材料的，仲裁委员会收到仲裁申请的时间从材料补正之日起重新计算；

（三）增加、变更仲裁请求的，仲裁期限从受理增加、变更仲裁请求之日起重新计算；

（四）仲裁申请和反申请合并处理的，仲裁期限从受理反申请之日起重新计算；

（五）案件移送管辖的，仲裁期限从接受移送之日起重新计算；

（六）中止审理期间、公告送达期间不计入仲裁期限内；

（七）法律、法规规定应当另行计算的其他情形。

第四十七条 有下列情形之一的，经仲裁委员会主任或者其委托的仲裁院负责人批准，可以中止案件审理，并书面通知当事人：

（一）劳动者一方当事人死亡，需要等待继承人表明是否参加仲裁的；

（二）劳动者一方当事人丧失民事行为能力，尚未确定法定代理人参加仲裁的；

（三）用人单位终止，尚未确定权利义务承继者的；

（四）一方当事人因不可抗拒的事由，不能参加仲裁的；

（五）案件审理需要以其他案件的审理结果为依据，且其他案件尚未审结的；

（六）案件处理需要等待工伤认定、伤残等级鉴定以及其他鉴定结论的；

（七）其他应当中止仲裁审理的情形。

中止审理的情形消除后，仲裁庭应当恢复审理。

第四十八条 当事人因仲裁庭逾期未作出仲裁裁决而向人民法院提起诉讼并立案受理的，仲裁委员会应当决定该案件终止审理；当事人未就该争议事项向人民法院提起诉讼的，仲裁委员会应当继续处理。

第四十九条 仲裁庭裁决案件时，其中一部分事实已经清楚的，可以就该部分先行裁决。当事人对先行裁决不服的，可以按照调解仲裁法有关规定处理。

第五十条 仲裁庭裁决案件时，申请人根据调解仲裁法第四十七条第（一）项规定，追索劳动报酬、工伤医疗费、经济补偿或者赔偿金，如果仲裁裁决涉及数项，对单项裁决数额不超过当地月最低工资标准十二个月金额的事项，应当适用终局裁决。

前款经济补偿包括《中华人民共和国劳动合同法》（以下简称劳动合同法）规定的竞业限制期限内给予的经济补偿、解除或者终止劳动合同的经济补偿等；赔偿金包括劳动合同法规定的未签订书面劳动合同第二倍工资、违法约定试用期的赔偿金、违法解除或者终止劳动合同的赔偿金等。

根据调解仲裁法第四十七条第（二）项的规定，因执行国家的劳动标准在工作时间、休息休假、社会保险等方面发生的争议，应当适用终局裁决。

仲裁庭裁决案件时，裁决内容同时涉及终局裁决和非终局裁决的，应当分别制作裁决书，并告知当事人相应的救济权利。

第五十一条 仲裁庭对追索劳动报酬、工伤医疗费、经济补偿或者赔偿金的案件，根据当事人的申请，可以裁决先予执行，移送人民法院执行。

仲裁庭裁决先予执行的，应当符合下列条件：

（一）当事人之间权利义务关系明确；

（二）不先予执行将严重影响申请人的生活。

劳动者申请先予执行的，可以不提供担保。

第五十二条 裁决应当按照多数仲裁员的意见作出，少数仲裁员的不同意见应当记入笔录。仲裁庭不能形成多数意见时，裁决应当按照首席仲裁员的意见作出。

第五十三条 裁决书应当载明仲裁请求、争议事实、裁决理由、裁决结果、当事人权利和裁决日期。裁决书由仲裁员签名，加盖仲裁委员会印章。对裁决持不同意见的仲裁员，可以签名，也可以不签名。

第五十四条 对裁决书中的文字、计算错误或者仲裁庭已经裁决但在裁决书中遗漏的事项，仲裁庭应当及时制作决定书予以补正并送达当事人。

第五十五条 当事人对裁决不服向人民法院提起诉讼的，按照调解仲裁法有关规定处理。

第三节 简易处理

第五十六条 争议案件符合下列情形之一的，可以简易处理：

（一）事实清楚、权利义务关系明确、争议不大的；

（二）标的额不超过本省、自治区、直辖市上年度职工年平均工资的；

（三）双方当事人同意简易处理的。

仲裁委员会决定简易处理的，可以指定一名仲裁员独任仲裁，并应当告知当事人。

第五十七条 争议案件有下列情形之一的，不得简易处理：

（一）涉及国家利益、社会公共利益的；

（二）有重大社会影响的；

（三）被申请人下落不明的；

（四）仲裁委员会认为不宜简易处理的。

第五十八条 简易处理的案件，经与被申请人协商同意，仲裁庭可以缩短或者取消答辩期。

第五十九条 简易处理的案件，仲裁庭可以用电话、短信、传真、电子邮件等简便方式送达仲裁文书，但送达调解书、裁决书除外。

以简便方式送达的开庭通知，未经当事人确认或者没有其他证据证明当事人已经收到的，仲裁庭不得按撤回仲裁申请处理或者缺席裁决。

第六十条 简易处理的案件，仲裁庭可以根据案件情况确定举证期限、开庭日期、审理程序、文书制作等事项，但应当保障当事人陈述意见的权利。

第六十一条 仲裁庭在审理过程中，发现案件不宜简易处理的，应当在仲裁期限届满前决定转为按照一般程序处理，并告知当事人。

案件转为按照一般程序处理的，仲裁期限自仲裁委员会受理仲裁申请之日起计算，双方当事人已经确认的事实，可以不再进行举证、质证。

第四节 集体劳动人事争议处理

第六十二条 处理劳动者一方在十人以上并有共同请求的争议案件，或者因履行集体合同发生的劳动争议案件，适用本节规定。

符合本规则第五十六条第一款规定情形之一的集体劳动人事争

议案件，可以简易处理，不受本节规定的限制。

第六十三条 发生劳动者一方在十人以上并有共同请求的争议的，劳动者可以推举三至五名代表参加仲裁活动。代表人参加仲裁的行为对其所代表的当事人发生效力，但代表人变更、放弃仲裁请求或者承认对方当事人的仲裁请求，进行和解，必须经被代表的当事人同意。

因履行集体合同发生的劳动争议，经协商解决不成的，工会可以依法申请仲裁；尚未建立工会的，由上级工会指导劳动者推举产生的代表依法申请仲裁。

第六十四条 仲裁委员会应当自收到当事人集体劳动人事争议仲裁申请之日起五日内作出受理或者不予受理的决定。决定受理的，应当自受理之日起五日内将仲裁庭组成人员、答辩期限、举证期限、开庭日期和地点等事项一次性通知当事人。

第六十五条 仲裁委员会处理集体劳动人事争议案件，应当由三名仲裁员组成仲裁庭，设首席仲裁员。

仲裁委员会处理因履行集体合同发生的劳动争议，应当按照三方原则组成仲裁庭处理。

第六十六条 仲裁庭处理集体劳动人事争议，开庭前应当引导当事人自行协商，或者先行调解。

仲裁庭处理集体劳动人事争议案件，可以邀请法律工作者、律师、专家学者等第三方共同参与调解。

协商或者调解未能达成协议的，仲裁庭应当及时裁决。

第六十七条 仲裁庭开庭场所可以设在发生争议的用人单位或者其他便于及时处理争议的地点。

第四章 调解程序

第一节 仲裁调解

第六十八条 仲裁委员会处理争议案件，应当坚持调解优先，引导当事人通过协商、调解方式解决争议，给予必要的法律释明以及风险提示。

第六十九条 对未经调解、当事人直接申请仲裁的争议，仲裁委员会可以向当事人发出调解建议书，引导其到调解组织进行调解。当事人同意先行调解的，应当暂缓受理；当事人不同意先行调解的，应当依法受理。

第七十条 开庭之前，经双方当事人同意，仲裁庭可以委托调解组织或者其他具有调解能力的组织、个人进行调解。

自当事人同意之日起十日内未达成调解协议的，应当开庭审理。

第七十一条 仲裁庭审理争议案件时，应当进行调解。必要时可以邀请有关单位、组织或者个人参与调解。

第七十二条 仲裁调解达成协议的，仲裁庭应当制作调解书。

调解书应当写明仲裁请求和当事人协议的结果。调解书由仲裁员签名，加盖仲裁委员会印章，送达双方当事人。调解书经双方当事人签收后，发生法律效力。

调解不成或者调解书送达前，一方当事人反悔的，仲裁庭应当及时作出裁决。

第七十三条 当事人就部分仲裁请求达成调解协议的，仲裁庭可以就该部分先行出具调解书。

第二节 调解协议的仲裁审查

第七十四条 经调解组织调解达成调解协议的，双方当事人可以自调解协议生效之日起十五日内，共同向有管辖权的仲裁委员会提出仲裁审查申请。

当事人申请审查调解协议，应当向仲裁委员会提交仲裁审查申请书、调解协议和身份证明、资格证明以及其他与调解协议相关的证明材料，并提供双方当事人的送达地址、电话号码等联系方式。

第七十五条 仲裁委员会收到当事人仲裁审查申请，应当及时决定是否受理。决定受理的，应当出具受理通知书。

有下列情形之一的，仲裁委员会不予受理：

（一）不属于仲裁委员会受理争议范围的；

（二）不属于本仲裁委员会管辖的；

（三）超出规定的仲裁审查申请期间的；

（四）确认劳动关系的；

（五）调解协议已经人民法院司法确认的。

第七十六条 仲裁委员会审查调解协议，应当自受理仲裁审查申请之日起五日内结束。因特殊情况需要延期的，经仲裁委员会主任或者其委托的仲裁院负责人批准，可以延长五日。

调解书送达前，一方或者双方当事人撤回仲裁审查申请的，仲裁委员会应当准许。

第七十七条 仲裁委员会受理仲裁审查申请后，应当指定仲裁员对调解协议进行审查。

仲裁委员会经审查认为调解协议的形式和内容合法有效的，应当制作调解书。调解书的内容应当与调解协议的内容相一致。调解书经双方当事人签收后，发生法律效力。

第七十八条 调解协议具有下列情形之一的，仲裁委员会不予制作调解书：

（一）违反法律、行政法规强制性规定的；

（二）损害国家利益、社会公共利益或者公民、法人、其他组织合法权益的；

（三）当事人提供证据材料有弄虚作假嫌疑的；

（四）违反自愿原则的；

（五）内容不明确的；

（六）其他不能制作调解书的情形。

仲裁委员会决定不予制作调解书的，应当书面通知当事人。

第七十九条 当事人撤回仲裁审查申请或者仲裁委员会决定不予制作调解书的，应当终止仲裁审查。

第五章　附　　则

第八十条　本规则规定的“三日”、“五日”、“十日”指工作日，“十五日”、“四十五日”指自然日。

第八十一条　本规则自 2017 年 7 月 1 日起施行。2009 年 1 月 1 日人力资源社会保障部公布的《劳动人事争议仲裁办案规则》（人力资源和社会保障部令第 2 号）同时废止。

最高人民法院关于审理劳动争议案件适用法律问题的解释（一）

（2020 年 12 月 25 日最高人民法院审判委员会第 1825 次会议通过　2020 年 12 月 29 日最高人民法院公告公布　自 2021 年 1 月 1 日起施行　法释〔2020〕26 号）

为正确审理劳动争议案件，根据《中华人民共和国民法典》《中华人民共和国劳动法》《中华人民共和国劳动合同法》《中华人民共和国劳动争议调解仲裁法》《中华人民共和国民事诉讼法》等相关法律规定，结合审判实践，制定本解释。

第一条　劳动者与用人单位之间发生的下列纠纷，属于劳动争议，当事人不服劳动争议仲裁机构作出的裁决，依法提起诉讼的，人民法院应予受理：

（一）劳动者与用人单位在履行劳动合同过程中发生的纠纷；

（二）劳动者与用人单位之间没有订立书面劳动合同，但已形成劳动关系后发生的纠纷；

（三）劳动者与用人单位因劳动关系是否已经解除或者终止，以及应否支付解除或者终止劳动关系经济补偿金发生的纠纷；

（四）劳动者与用人单位解除或者终止劳动关系后，请求用人单位返还其收取的劳动合同定金、保证金、抵押金、抵押物发生的纠纷，或者办理劳动者的人事档案、社会保险关系等移转手续发生的纠纷；

（五）劳动者以用人单位未为其办理社会保险手续，且社会保险经办机构不能补办导致其无法享受社会保险待遇为由，要求用人单位赔偿损失发生的纠纷；

（六）劳动者退休后，与尚未参加社会保险统筹的原用人单位因追索养老金、医疗费、工伤保险待遇和其他社会保险待遇而发生的纠纷；

（七）劳动者因为工伤、职业病，请求用人单位依法给予工伤保险待遇发生的纠纷；

（八）劳动者依据劳动合同法第八十五条规定，要求用人单位支付加付赔偿金发生的纠纷；

（九）因企业自主进行改制发生的纠纷。

第二条 下列纠纷不属于劳动争议：

（一）劳动者请求社会保险经办机构发放社会保险金的纠纷；

（二）劳动者与用人单位因住房制度改革产生的公有住房转让纠纷；

（三）劳动者对劳动能力鉴定委员会的伤残等级鉴定结论或者对职业病诊断鉴定委员会的职业病诊断鉴定结论的异议纠纷；

（四）家庭或者个人与家政服务人员之间的纠纷；

（五）个体工匠与帮工、学徒之间的纠纷；

（六）农村承包经营户与受雇人之间的纠纷。

第三条 劳动争议案件由用人单位所在地或者劳动合同履行地的基层人民法院管辖。

劳动合同履行地不明确的，由用人单位所在地的基层人民法院管辖。

法律另有规定的，依照其规定。

第四条 劳动者与用人单位均不服劳动争议仲裁机构的同一裁

决，向同一人民法院起诉的，人民法院应当并案审理，双方当事人互为原告和被告，对双方的诉讼请求，人民法院应当一并作出裁决。在诉讼过程中，一方当事人撤诉的，人民法院应当根据另一方当事人的诉讼请求继续审理。双方当事人就同一仲裁裁决分别向有管辖权的人民法院起诉的，后受理的人民法院应当将案件移送给先受理的人民法院。

第五条 劳动争议仲裁机构以无管辖权为由对劳动争议案件不予受理，当事人提起诉讼的，人民法院按照以下情形分别处理：

（一）经审查认为该劳动争议仲裁机构对案件确无管辖权的，应当告知当事人向有管辖权的劳动争议仲裁机构申请仲裁；

（二）经审查认为该劳动争议仲裁机构有管辖权的，应当告知当事人申请仲裁，并将审查意见书面通知该劳动争议仲裁机构；劳动争议仲裁机构仍不受理，当事人就该劳动争议事项提起诉讼的，人民法院应予受理。

第六条 劳动争议仲裁机构以当事人申请仲裁的事项不属于劳动争议为由，作出不予受理的书面裁决、决定或者通知，当事人不服依法提起诉讼的，人民法院应当分别情况予以处理：

（一）属于劳动争议案件的，应当受理；

（二）虽不属于劳动争议案件，但属于人民法院主管的其他案件，应当依法受理。

第七条 劳动争议仲裁机构以申请仲裁的主体不适格为由，作出不予受理的书面裁决、决定或者通知，当事人不服依法提起诉讼，经审查确属主体不适格的，人民法院不予受理；已经受理的，裁定驳回起诉。

第八条 劳动争议仲裁机构为纠正原仲裁裁决错误重新作出裁决，当事人不服依法提起诉讼的，人民法院应当受理。

第九条 劳动争议仲裁机构仲裁的事项不属于人民法院受理的案件范围，当事人不服依法提起诉讼的，人民法院不予受理；已经受理的，裁定驳回起诉。

第十条 当事人不服劳动争议仲裁机构作出的预先支付劳动者劳动报酬、工伤医疗费、经济补偿或者赔偿金的裁决，依法提起诉讼的，人民法院不予受理。

用人单位不履行上述裁决中的给付义务，劳动者依法申请强制执行的，人民法院应予受理。

第十一条 劳动争议仲裁机构作出的调解书已经发生法律效力，一方当事人反悔提起诉讼的，人民法院不予受理；已经受理的，裁定驳回起诉。

第十二条 劳动争议仲裁机构逾期未作出受理决定或仲裁裁决，当事人直接提起诉讼的，人民法院应予受理，但申请仲裁的案件存在下列事由的除外：

（一）移送管辖的；

（二）正在送达或者送达延误的；

（三）等待另案诉讼结果、评残结论的；

（四）正在等待劳动争议仲裁机构开庭的；

（五）启动鉴定程序或者委托其他部门调查取证的；

（六）其他正当事由。

当事人以劳动争议仲裁机构逾期未作出仲裁裁决为由提起诉讼的，应当提交该仲裁机构出具的受理通知书或者其他已接受仲裁申请的凭证、证明。

第十三条 劳动者依据劳动合同法第三十条第二款和调解仲裁法第十六条规定向人民法院申请支付令，符合民事诉讼法第十七章督促程序规定的，人民法院应予受理。

依据劳动合同法第三十条第二款规定申请支付令被人民法院裁定终结督促程序后，劳动者就劳动争议事项直接提起诉讼的，人民法院应当告知其先向劳动争议仲裁机构申请仲裁。

依据调解仲裁法第十六条规定申请支付令被人民法院裁定终结督促程序后，劳动者依据调解协议直接提起诉讼的，人民法院应予受理。

第十四条 人民法院受理劳动争议案件后，当事人增加诉讼请求的，如该诉讼请求与讼争的劳动争议具有不可分性，应当合并审理；如属独立的劳动争议，应当告知当事人向劳动争议仲裁机构申请仲裁。

第十五条 劳动者以用人单位的工资欠条为证据直接提起诉讼，诉讼请求不涉及劳动关系其他争议的，视为拖欠劳动报酬争议，人民法院按照普通民事纠纷受理。

第十六条 劳动争议仲裁机构作出仲裁裁决后，当事人对裁决中的部分事项不服，依法提起诉讼的，劳动争议仲裁裁决不发生法律效力。

第十七条 劳动争议仲裁机构对多个劳动者的劳动争议作出仲裁裁决后，部分劳动者对仲裁裁决不服，依法提起诉讼的，仲裁裁决对提起诉讼的劳动者不发生法律效力；对未提起诉讼的部分劳动者，发生法律效力，如其申请执行的，人民法院应当受理。

第十八条 仲裁裁决的类型以仲裁裁决书确定为准。仲裁裁决书未载明该裁决为终局裁决或者非终局裁决，用人单位不服该仲裁裁决向基层人民法院提起诉讼的，应当按照以下情形分别处理：

（一）经审查认为该仲裁裁决为非终局裁决的，基层人民法院应予受理；

（二）经审查认为该仲裁裁决为终局裁决的，基层人民法院不予受理，但应告知用人单位可以自收到不予受理裁定书之日起三十日内向劳动争议仲裁机构所在地的中级人民法院申请撤销该仲裁裁决；已经受理的，裁定驳回起诉。

第十九条 仲裁裁决书未载明该裁决为终局裁决或者非终局裁决，劳动者依据调解仲裁法第四十七条第一项规定，追索劳动报酬、工伤医疗费、经济补偿或者赔偿金，如果仲裁裁决涉及数项，每项确定的数额均不超过当地月最低工资标准十二个月金额的，应当按照终局裁决处理。

第二十条 劳动争议仲裁机构作出的同一仲裁裁决同时包含终

局裁决事项和非终局裁决事项，当事人不服该仲裁裁决向人民法院提起诉讼的，应当按照非终局裁决处理。

第二十一条 劳动者依据调解仲裁法第四十八条规定向基层人民法院提起诉讼，用人单位依据调解仲裁法第四十九条规定向劳动争议仲裁机构所在地的中级人民法院申请撤销仲裁裁决的，中级人民法院应当不予受理；已经受理的，应当裁定驳回申请。

被人民法院驳回起诉或者劳动者撤诉的，用人单位可以自收到裁定书之日起三十日内，向劳动争议仲裁机构所在地的中级人民法院申请撤销仲裁裁决。

第二十二条 用人单位依据调解仲裁法第四十九条规定向中级人民法院申请撤销仲裁裁决，中级人民法院作出的驳回申请或者撤销仲裁裁决的裁定为终审裁定。

第二十三条 中级人民法院审理用人单位申请撤销终局裁决的案件，应当组成合议庭开庭审理。经过阅卷、调查和询问当事人，对没有新的事实、证据或者理由，合议庭认为不需要开庭审理的，可以不开庭审理。

中级人民法院可以组织双方当事人调解。达成调解协议的，可以制作调解书。一方当事人逾期不履行调解协议的，另一方可以申请人民法院强制执行。

第二十四条 当事人申请人民法院执行劳动争议仲裁机构作出的发生法律效力的裁决书、调解书，被申请人提出证据证明劳动争议仲裁裁决书、调解书有下列情形之一，并经审查核实的，人民法院可以根据民事诉讼法第二百三十七条规定，裁定不予执行：

（一）裁决的事项不属于劳动争议仲裁范围，或者劳动争议仲裁机构无权仲裁的；

（二）适用法律、法规确有错误的；

（三）违反法定程序的；

（四）裁决所根据的证据是伪造的；

（五）对方当事人隐瞒了足以影响公正裁决的证据的；

（六）仲裁员在仲裁该案时有索贿受贿、徇私舞弊、枉法裁决行为的；

（七）人民法院认定执行该劳动争议仲裁裁决违背社会公共利益的。

人民法院在不予执行的裁定书中，应当告知当事人在收到裁定书之次日起三十日内，可以就该劳动争议事项向人民法院提起诉讼。

第二十五条 劳动争议仲裁机构作出终局裁决，劳动者向人民法院申请执行，用人单位向劳动争议仲裁机构所在地的中级人民法院申请撤销的，人民法院应当裁定中止执行。

用人单位撤回撤销终局裁决申请或者其申请被驳回的，人民法院应当裁定恢复执行。仲裁裁决被撤销的，人民法院应当裁定终结执行。

用人单位向人民法院申请撤销仲裁裁决被驳回后，又在执行程序中以相同理由提出不予执行抗辩的，人民法院不予支持。

第二十六条 用人单位与其它单位合并的，合并前发生的劳动争议，由合并后的单位为当事人；用人单位分立为若干单位的，其分立前发生的劳动争议，由分立后的实际用人单位为当事人。

用人单位分立为若干单位后，具体承受劳动权利义务的单位不明确的，分立后的单位均为当事人。

第二十七条 用人单位招用尚未解除劳动合同的劳动者，原用人单位与劳动者发生的劳动争议，可以列新的用人单位为第三人。

原用人单位以新的用人单位侵权为由提起诉讼的，可以列劳动者为第三人。

原用人单位以新的用人单位和劳动者共同侵权为由提起诉讼的，新的用人单位和劳动者列为共同被告。

第二十八条 劳动者在用人单位与其他平等主体之间的承包经营期间，与发包方和承包方双方或者一方发生劳动争议，依法提起诉讼的，应当将承包方和发包方作为当事人。

第二十九条 劳动者与未办理营业执照、营业执照被吊销或者营业期限届满仍继续经营的用人单位发生争议的，应当将用人单位或者其出资人列为当事人。

第三十条 未办理营业执照、营业执照被吊销或者营业期限届满仍继续经营的用人单位，以挂靠等方式借用他人营业执照经营的，应当将用人单位和营业执照出借方列为当事人。

第三十一条 当事人不服劳动争议仲裁机构作出的仲裁裁决，依法提起诉讼，人民法院审查认为仲裁裁决遗漏了必须共同参加仲裁的当事人的，应当依法追加遗漏的人为诉讼当事人。

被追加的当事人应当承担责任的，人民法院应当一并处理。

第三十二条 用人单位与其招用的已经依法享受养老保险待遇或者领取退休金的人员发生用工争议而提起诉讼的，人民法院应当按劳务关系处理。

企业停薪留职人员、未达到法定退休年龄的内退人员、下岗待岗人员以及企业经营性停产放长假人员，因与新的用人单位发生用工争议而提起诉讼的，人民法院应当按劳动关系处理。

第三十三条 外国人、无国籍人未依法取得就业证件即与中华人民共和国境内的用人单位签订劳动合同，当事人请求确认与用人单位存在劳动关系的，人民法院不予支持。

持有《外国专家证》并取得《外国人来华工作许可证》的外国人，与中华人民共和国境内的用人单位建立用工关系的，可以认定为劳动关系。

第三十四条 劳动合同期满后，劳动者仍在原用人单位工作，原用人单位未表示异议的，视为双方同意以原条件继续履行劳动合同。一方提出终止劳动关系的，人民法院应予支持。

根据劳动合同法第十四条规定，用人单位应当与劳动者签订无固定期限劳动合同而未签订的，人民法院可以视为双方之间存在无固定期限劳动合同关系，并以原劳动合同确定双方的权利义务关系。

第三十五条 劳动者与用人单位就解除或者终止劳动合同办理相关手续、支付工资报酬、加班费、经济补偿或者赔偿金等达成的协议，不违反法律、行政法规的强制性规定，且不存在欺诈、胁迫或者乘人之危情形的，应当认定有效。

前款协议存在重大误解或者显失公平情形，当事人请求撤销的，人民法院应予支持。

第三十六条 当事人在劳动合同或者保密协议中约定了竞业限制，但未约定解除或者终止劳动合同后给予劳动者经济补偿，劳动者履行了竞业限制义务，要求用人单位按照劳动者在劳动合同解除或者终止前十二个月平均工资的30%按月支付经济补偿的，人民法院应予支持。

前款规定的月平均工资的30%低于劳动合同履行地最低工资标准的，按照劳动合同履行地最低工资标准支付。

第三十七条 当事人在劳动合同或者保密协议中约定了竞业限制和经济补偿，当事人解除劳动合同时，除另有约定外，用人单位要求劳动者履行竞业限制义务，或者劳动者履行了竞业限制义务后要求用人单位支付经济补偿的，人民法院应予支持。

第三十八条 当事人在劳动合同或者保密协议中约定了竞业限制和经济补偿，劳动合同解除或者终止后，因用人单位的原因导致三个月未支付经济补偿，劳动者请求解除竞业限制约定的，人民法院应予支持。

第三十九条 在竞业限制期限内，用人单位请求解除竞业限制协议的，人民法院应予支持。

在解除竞业限制协议时，劳动者请求用人单位额外支付劳动者三个月的竞业限制经济补偿的，人民法院应予支持。

第四十条 劳动者违反竞业限制约定，向用人单位支付违约金后，用人单位要求劳动者按照约定继续履行竞业限制义务的，人民法院应予支持。

第四十一条 劳动合同被确认为无效，劳动者已付出劳动的，用人单位应当按照劳动合同法第二十八条、第四十六条、第四十七条的规定向劳动者支付劳动报酬和经济补偿。

由于用人单位原因订立无效劳动合同，给劳动者造成损害的，用人单位应当赔偿劳动者因合同无效所造成的经济损失。

第四十二条 劳动者主张加班费的，应当就加班事实的存在承担举证责任。但劳动者有证据证明用人单位掌握加班事实存在的证据，用人单位不提供的，由用人单位承担不利后果。

第四十三条 用人单位与劳动者协商一致变更劳动合同，虽未采用书面形式，但已经实际履行了口头变更的劳动合同超过一个月，变更后的劳动合同内容不违反法律、行政法规且不违背公序良俗，当事人以未采用书面形式为由主张劳动合同变更无效的，人民法院不予支持。

第四十四条 因用人单位作出的开除、除名、辞退、解除劳动合同、减少劳动报酬、计算劳动者工作年限等决定而发生的劳动争议，用人单位负举证责任。

第四十五条 用人单位有下列情形之一，迫使劳动者提出解除劳动合同的，用人单位应当支付劳动者的劳动报酬和经济补偿，并可支付赔偿金：

（一）以暴力、威胁或者非法限制人身自由的手段强迫劳动的；

（二）未按照劳动合同约定支付劳动报酬或者提供劳动条件的；

（三）克扣或者无故拖欠劳动者工资的；

（四）拒不支付劳动者延长工作时间工资报酬的；

（五）低于当地最低工资标准支付劳动者工资的。

第四十六条 劳动者非因本人原因从原用人单位被安排到新用人单位工作，原用人单位未支付经济补偿，劳动者依据劳动合同法第三十八条规定与新用人单位解除劳动合同，或者新用人单位向劳动者提出解除、终止劳动合同，在计算支付经济补偿或赔偿金的工作年限时，劳动者请求把在原用人单位的工作年限合并计算为新用人单位工作年限的，人民法院应予支持。

用人单位符合下列情形之一的，应当认定属于“劳动者非因本人原因从原用人单位被安排到新用人单位工作”：

（一）劳动者仍在原工作场所、工作岗位工作，劳动合同主体由原用人单位变更为新用人单位；

（二）用人单位以组织委派或任命形式对劳动者进行工作调动；

（三）因用人单位合并、分立等原因导致劳动者工作调动；

（四）用人单位及其关联企业与劳动者轮流订立劳动合同；

（五）其他合理情形。

第四十七条 建立了工会组织的用人单位解除劳动合同符合劳动合同法第三十九条、第四十条规定，但未按照劳动合同法第四十三条规定事先通知工会，劳动者以用人单位违法解除劳动合同为由请求用人单位支付赔偿金的，人民法院应予支持，但起诉前用人单位已经补正有关程序的除外。

第四十八条 劳动合同法施行后，因用人单位经营期限届满不再继续经营导致劳动合同不能继续履行，劳动者请求用人单位支付经济补偿的，人民法院应予支持。

第四十九条 在诉讼过程中，劳动者向人民法院申请采取财产保全措施，人民法院经审查认为申请人经济确有困难，或者有证据证明用人单位存在欠薪逃匿可能的，应当减轻或者免除劳动者提供担保的义务，及时采取保全措施。

人民法院作出的财产保全裁定中，应当告知当事人在劳动争议仲裁机构的裁决书或者在人民法院的裁判文书生效后三个月内申请强制执行。逾期不申请的，人民法院应当裁定解除保全措施。

第五十条 用人单位根据劳动合同法第四条规定，通过民主程序制定的规章制度，不违反国家法律、行政法规及政策规定，并已向劳动者公示的，可以作为确定双方权利义务的依据。

用人单位制定的内部规章制度与集体合同或者劳动合同约定的内容不一致，劳动者请求优先适用合同约定的，人民法院应予支持。

第五十一条 当事人在调解仲裁法第十条规定的调解组织主持下达成的具有劳动权利义务内容的调解协议，具有劳动合同的约束力，可以作为人民法院裁判的根据。

当事人在调解仲裁法第十条规定的调解组织主持下仅就劳动报酬争议达成调解协议，用人单位不履行调解协议确定的给付义务，劳动者直接提起诉讼的，人民法院可以按照普通民事纠纷受理。

第五十二条 当事人在人民调解委员会主持下仅就给付义务达成的调解协议，双方认为有必要的，可以共同向人民调解委员会所在地的基层人民法院申请司法确认。

第五十三条 用人单位对劳动者作出的开除、除名、辞退等处理，或者因其他原因解除劳动合同确有错误的，人民法院可以依法判决予以撤销。

对于追索劳动报酬、养老金、医疗费以及工伤保险待遇、经济补偿金、培训费及其他相关费用等案件，给付数额不当的，人民法院可以予以变更。

第五十四条 本解释自2021年1月1日起施行。

人力资源社会保障部 中央政法委 最高人民法院 工业和信息化部 司法部 财政部 中华全国总工会 中华全国工商业联合会 中国企业联合会/中国企业家协会 关于进一步加强劳动人事争议协商调解工作的意见

（2022年10月13日 人社部发〔2022〕71号）

各省、自治区、直辖市人力资源社会保障厅（局）、党委政法委、高级人民法院、中小企业主管部门、司法厅（局）、财政厅（局）、总工会、工商联、企业联合会/企业家协会，新疆生产建设兵团人力资源社会保障局、党委政法委、新疆维吾尔自治区高级人民法院生产建设兵团分院、工业和信息化局、司法局、财政局、总工会、工商联、企业联合会/企业家协会：

劳动人事争议协商调解是社会矛盾纠纷多元预防调处化解综合机制的重要组成部分。通过协商调解等方式柔性化解劳动人事争议，对于防范化解劳动关系风险、维护劳动者合法权益、构建和谐劳动关系、维护社会稳定具有重要意义。为深入贯彻党的二十大精神，落实党中央、国务院关于“防范化解重大风险”“坚持把非诉讼纠纷解决机制挺在前面”的重要决策部署，进一步强化劳动人事争议源头治理，现就加强劳动人事争议协商调解工作，提出如下意见：

一、总体要求

（一）指导思想。以习近平新时代中国特色社会主义思想为指导，深入贯彻习近平法治思想，坚持系统观念、目标导向和问题导向，着力强化风险防控，加强源头治理，健全多元处理机制，提升协商调解能力，促进中国特色和谐劳动关系高质量发展。

（二）基本原则

1. 坚持人民至上，把为民服务理念贯穿协商调解工作全过程，拓展服务领域，优化服务方式，提升服务能力，打造协商调解服务优质品牌。

2. 坚持源头治理，充分发挥协商调解的前端性、基础性作用，做到关口前移、重心下沉，最大限度地把劳动人事争议解决在基层和萌芽状态。

3. 坚持创新发展，尊重基层首创精神，积极探索新理念、新机制、新举措，促进各类调解联动融合，推动社会协同共治，形成体现中国特色、符合劳动人事争议多元处理规律、满足时代需求的协商调解工作格局。

4. 坚持灵活高效，充分发挥协商调解柔性高效、灵活便捷的优势，运用法治思维和法治方式，推动案结事了人和，促进劳动关系和谐与社会稳定。

（三）目标任务。从 2022 年 10 月开始，持续加强协商调解制度机制和能力建设，力争用 5 年左右时间，基本实现组织机构进一步健全、队伍建设进一步强化、制度建设进一步完善、基础保障进一步夯实，党委领导、政府负责、人力资源社会保障部门牵头和有关部门参与、司法保障、科技支撑的劳动人事争议多元处理机制更加健全，部门联动质效明显提升，协商调解解决的劳动人事争议案件数量在案件总量中的比重显著提高，劳动人事争议诉讼案件稳步下降至合理区间，协商调解工作的规范化、标准化、专业化、智能化水平显著提高。

二、加强源头治理

（四）强化劳动人事争议预防指导。充分发挥用人单位基层党组织在劳动关系治理、协商调解工作中的重要作用，以党建引领劳动关系和谐发展。完善民主管理制度，保障劳动者对用人单位重大决策和重大事项的知情权、参与权、表达权、监督权。推行典型案例发布、工会劳动法律监督提示函和意见书、调解建议书、仲裁建议书、司法建议书、信用承诺书等制度，引导用人单位依法合规用工、劳动者依法理性表达诉求。发挥中小企业服务机构作用，通过培训、咨询等服务，推动中小企业完善劳动管理制度、加强劳动人事争议预防，具备相应资质的服务机构可开展劳动关系事务托管服务。把用人单位建立劳动人事争议调解组织、开展协商调解工作情况作为和谐劳动关系创建等评选表彰示范创建的重要考虑因素。发挥律师、法律顾问职能作用，推进依法治企，强化劳动用工领域合规管理，减少劳动人事争议。

（五）健全劳动人事争议风险监测预警机制。建立健全劳动人事争议风险监测机制，通过税费缴纳、社保欠费、案件受理、投诉举报、信访处理、社会舆情等反映劳动关系运行的重要指标变化情况，准确研判劳动人事争议态势。完善重大劳动人事争议风险预警机制，聚焦重要时间节点，突出农民工和劳务派遣、新就业形态劳动者等重点群体，围绕确认劳动关系、追索劳动报酬、工作时间、解除和终止劳动合同等主要劳动人事争议类型，强化监测预警，建立风险台账，制定应对预案。

（六）加强劳动人事争议隐患排查化解工作。建立重点区域、重点行业、重点企业联系点制度，以工业园区和互联网、建筑施工、劳动密集型加工制造行业以及受客观经济情况发生重大变化、突发事件等影响导致生产经营困难的企业为重点，全面开展排查，及时发现苗头性、倾向性问题，妥善化解因欠薪、不规范用工等引发的风险隐患。加强劳动人事争议隐患协同治理，完善调解仲裁机构与劳动关系、劳动保障监察机构以及工会劳动法律监督组织信息共享、协调联动，共同加强劳动用工指导，履行好“抓前端、治未病”的预防功能。

三、强化协商和解

（七）指导建立内部劳动人事争议协商机制。培育用人单位和劳动者的劳动人事争议协商意识，推动用人单位以设立负责人接待日、召开劳资恳谈会、开通热线电话或者电子邮箱、设立意见箱、组建网络通讯群组等方式，建立健全沟通对话机制，畅通劳动者诉求表达渠道。指导用人单位完善内部申诉、协商回应制度，优化劳动人事争议协商流程，认真研究制定解决方案，及时回应劳动者协商诉求。

（八）协助开展劳动人事争议协商。工会组织统筹劳动法律监督委员会和集体协商指导员、法律援助志愿者队伍等资源力量，推动健全劳动者申诉渠道和争议协商平台，帮助劳动者与用人单位开展劳动人事争议协商，做好咨询解答、释法说理、劝解疏导、促成和解等工作。各级地方工会可设立劳动人事争议协商室，做好劳动人事争议协商工作。企业代表组织指导企业加强协商能力建设，完善企业内部劳动争议协商程序。鼓励、支持社会力量开展劳动人事争议协商咨询、代理服务工作。

（九）强化和解协议履行和效力。劳动者与用人单位就劳动人事争议协商达成一致的，工会组织要主动引导签订和解协议，并推动和解协议履行。劳动者或者用人单位未按期履行和解协议的，工会组织要主动做好引导申请调解等工作。经劳动人事争议仲裁委员会审查，和解协议程序和内容合法有效的，可在仲裁办案中作为证据使用；但劳动者或者用人单位为达成和解目的作出的妥协认可的事实，不得在后续的仲裁、诉讼中作为对其不利的根据，但法律另有规定或者劳动者、用人单位均同意的除外。

四、做实多元调解

（十）推进基层劳动人事争议调解组织建设。人力资源社会保障部门会同司法行政、工会、企业代表组织和企事业单位、社会团体，推动用人单位加大调解组织建设力度。推动大中型企业普遍建立劳动争议调解委员会，建立健全以乡镇（街道）、工会、行业商（协）会、区域性等调解组织为支撑、调解员（信息员）为落点的小微型企业劳动争议协商调解机制。推动事业单位、社会团体加强调解组织建设，规范劳动人事管理和用工行为。

（十一）建设市、县级劳动人事争议仲裁院调解中心和工会法律服务工作站。推动在有条件的市、县级劳动人事争议仲裁院（以下简称仲裁院）内设劳动人事争议调解中心（以下简称调解中心），通过配备工作人员或者购买服务等方式提供劳动人事争议调解服务。调解中心负责办理仲裁院、人民法院委派委托调解的案件，协助人力资源社会保障部门指导辖区内的乡镇（街道）、工会、行业商（协）会、区域性等调解组织做好工作。探索推进工会组织在劳动人事争议案件较多、劳动者诉求反映集中的仲裁院、人民法院设立工会法律服务工作站，具备条件的地方工会可安排专人入驻开展争议协商、调解和法律服务工作，建立常态化调解与仲裁、诉讼对接机制。

（十二）加强调解工作规范化建设。人力资源社会保障部门会同司法行政、工会、企业代表组织等部门，落实调解组织和调解员名册制度，指导各类劳动人事争议调解组织建立健全调解受理登记、调解办理、告知引导、回访反馈、档案管理、统计报告等制度，提升调解工作规范化水平。加大督促调解协议履行力度，加强对当事人履约能力评估，达成调解协议后向当事人发放履行告知书。总结、推广调解组织在实践中形成的成熟经验和特色做法，发挥典型引领作用。

（十三）发挥各类调解组织特色优势。企业劳动争议调解委员会发挥熟悉内部运营规则和劳动者情况的优势，引导当事人优先通过调解方式解决劳动争议。人民调解组织发挥扎根基层、贴近群众、熟悉社情民意的优势，加大劳动人事争议调处工作力度。乡镇（街道）劳动人事争议调解组织发挥专业性优势，积极推进标准化、规范化、智能化建设，帮助辖区内用人单位做好劳动人事争议预防化解工作。行业性、区域性劳动人事争议调解组织发挥具有行业影响力、区域带动力的优势，帮助企业培养调解人员、开展调解工作。商（协）会调解组织发挥贴近企业的优势，积极化解劳动争议、协同社会治理。人力资源社会保障部门、司法行政部门、工会、企业代表组织引导和规范有意向的社会组织及律师、专家学者等社会力量，积极有序参与调解工作，进一步增加调解服务供给。

五、健全联动工作体系

（十四）健全劳动人事争议调解与人民调解、行政调解、司法调解联动工作体系。人力资源社会保障部门在党委政法委的统筹协调下，加强与司法行政、法院、工会、企业代表组织等部门的工作沟通，形成矛盾联调、力量联动、信息联通的工作格局，建立健全重大劳动人事争议应急联合调处机制。有条件的地区，可建立“一窗式”劳动人事争议受理和流转办理机制，通过联通各类网上调解平台、设立实体化联调中心等方式，强化各类调解资源整合。可根据实际情况建立调解员、专家库共享机制，灵活调配人员，提高案件办理专业性。

（十五）参与社会矛盾纠纷调处中心建设。各相关部门主动融入地方党委、政府主导的社会矛盾纠纷多元预防调处化解综合机制，发挥职能优势，向社会矛盾纠纷调处中心派驻调解仲裁工作人员，办理劳动人事争议案件、参与联动化解、提供业务支持，做好人员、经费、场所、设备等保障工作。

（十六）强化调解与仲裁、诉讼衔接。完善调解与仲裁的衔接，建立仲裁员分片联系调解组织制度。双方当事人经调解达成一致的，调解组织引导双方提起仲裁审查申请或者司法确认申请，及时巩固调解成果。仲裁机构通过建议调解、委托调解等方式，积极引导未经调解的当事人到调解组织先行调解。加强调解与诉讼的衔接，对追索劳动报酬、经济补偿等适宜调解的纠纷，先行通过诉前调解等非诉讼方式解决。推进劳动人事争议“总对总”在线诉调对接，开展全流程在线委派委托调解、音视频调解、申请调解协议司法确认等工作。建立省级劳动人事争议调解专家库，并将符合条件的调解组织和人员纳入特邀调解名册，参与调解化解重大疑难复杂劳动人事争议。依法落实支付令制度。

六、提升服务能力

（十七）加强调解员队伍建设。通过政府购买服务等方式提升劳动人事争议协商调解能力。扩大兼职调解员来源渠道，广泛吸纳法学专家、仲裁员、律师、劳动关系协调员（师）、退休法官、退休检察官等专业力量参与调解。加强对调解员的培训指导，开发国家职业技能标准，切实提高调解员职业道德、增强服务意识，提升办案能力。

（十八）加强智慧协商调解建设。推动信息化技术与协商调解深度融合，建立部门间数据信息互通共享机制，整合运用各类大数据开展劳动人事争议情况分析研判。完善网络平台和手机 APP、微信小程序、微信公众号等平台的调解功能，推进“网上办”“掌上办”，实现协商调解向智能化不断迈进。

（十九）保障工作经费。人力资源社会保障部门将协商调解纳入政府购买服务指导性目录。地方财政部门结合当地实际和财力可能，合理安排经费，对协商调解工作经费给予必要的支持和保障，加强硬件保障，为调解组织提供必要的办公办案设施设备。

（二十）落实工作责任。构建和谐劳动关系，是增强党的执政基础、巩固党的执政地位的必然要求，是加强和创新社会治理、保障和改善民生的重要内容，是促进经济高质量发展、社会和谐稳定的重要基础。各地要把做好协商调解工作作为构建和谐劳动关系的一项重要任务，切实增强责任感、使命感、紧迫感，积极争取党委、政府支持，将这项工作纳入当地经济社会发展总体规划和政府目标责任考核体系，推动工作扎实有效开展。各级党委政法委要将劳动人事争议多元处理机制建设工作纳入平安建设考核，推动相关部门细化考评标准，完善督导检查、考评推动等工作。人力资源社会保障部门要发挥在劳动人事争议多元处理中的牵头作用，会同有关部门统筹推进调解组织、制度和队伍建设，完善调解成效考核评价机制。人民法院要发挥司法引领、推动和保障作用，加强调解与诉讼有机衔接。司法行政部门要指导调解组织积极开展劳动人事争议调解工作，加强对调解员的劳动法律政策知识培训，鼓励、引导律师参与法律援助和社会化调解。财政部门要保障协商调解工作经费，督促有关部门加强资金管理，发挥资金使用效益。中小企业主管部门要进一步健全服务体系，指导中小企业服务机构帮助企业依法合规用工，降低用工风险，构建和谐劳动关系。工会要积极参与劳动人事争议多元化解，引导劳动者依法理性表达利益诉求，帮助劳动者协商化解劳动人事争议，依法为劳动者提供法律服务，切实维护劳动者合法权益，竭诚服务劳动者。工商联、企业联合会等要发挥代表作用，引导和支持企业守法诚信经营、履行社会责任，建立健全内部劳动人事争议解决机制。

各省级人力资源社会保障部门要会同有关部门，按照本意见精神，制定切实可行的实施方案，明确任务、明确措施、明确责任、明确要求，定期对本意见落实情况进行督促检查，及时向人力资源社会保障部报送工作进展情况。

附录二

劳动争议处理流程图

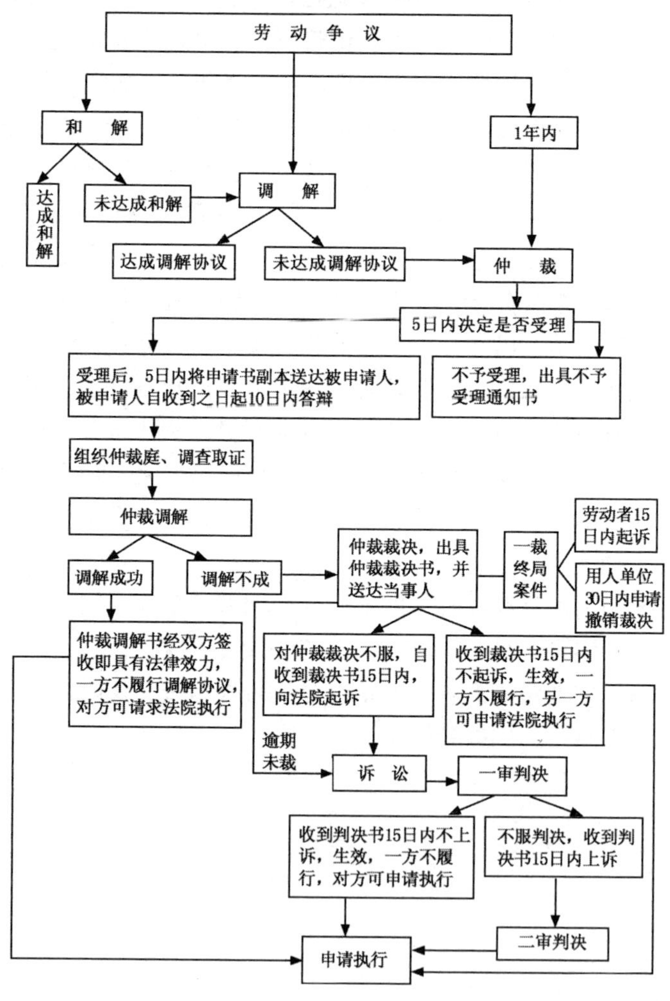

劳动诉讼流程示意图

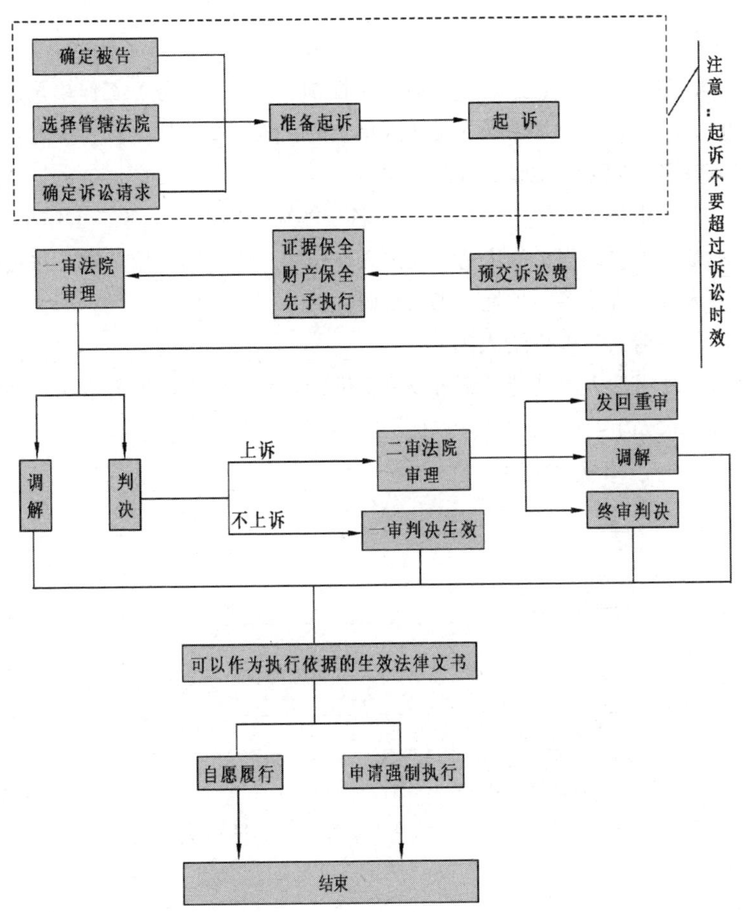

附录二

劳动合同争议调解申请书

（参考文本）

申请人：__________（姓名、性别、年龄、职务、工作单位、地址、邮政编码，如申请人是法人单位的，应写明单位全称、法定代表人姓名和职务、地址、邮政编码）

被申请人：__________（姓名、性别、年龄、职务、工作单位、地址、邮政编码，如申请人是法人单位的，应写明单位全称、法定代表人姓名和职务、地址、邮政编码）

申请人与被申请人因____________________________纠纷，现申请人申请劳动调解委员会进行调解，申请调解的事实、理由和请求如下：

一、事实和理由______________________________

____

____

二、调解请求________________________________

____

____

此致

______调解委员会

申请人：______

____年____月____日

劳动合同争议仲裁申请书

（参考文本）

案由：

<table>
<tr><th colspan="2">申　请　人</th><th colspan="3">（被）申　请　人</th></tr>
<tr><td>姓　　名</td><td></td><td colspan="2">单　　位</td><td></td></tr>
<tr><td>性　　别</td><td></td><td colspan="2">主管机关</td><td></td></tr>
<tr><td>年　　龄</td><td></td><td rowspan="4">法定代表人</td><td>姓名</td><td></td></tr>
<tr><td>民　　族</td><td></td><td>性别</td><td></td></tr>
<tr><td>职　　业</td><td></td><td>年龄</td><td></td></tr>
<tr><td>工作单位</td><td></td><td>职务</td><td></td></tr>
<tr><td>住　　址</td><td></td><td colspan="2">单位地址</td><td></td></tr>
<tr><td>电　　话</td><td></td><td colspan="2">电　　话</td><td></td></tr>
</table>

请求事项：

____

____

____

____

____

劳动合同争议起诉状

（参考文本）

【起诉状】

原告：

被告：

诉讼请求：

事实和理由：

证据和证据来源，证人姓名和住址：

此　致

××人民法院

起诉人：

年　月　日

附：合同副本____份。

本诉状副本____份。

其他证明文件____份。

【填写说明】

①原告应向法院列举所有可供证明的证据。证人姓名和住所，书证、物证的来源及由谁保管，并向法院提供复印件，以便法院调查。②事实和理由中应写清合同签订的经过、具体内容、纠纷产生的原因、诉讼请求及有关法律、政策依据。③“原告”栏写明姓名、性别、出生年月日、民族、籍贯、职业或工作单位和职务、住址等项。被告是法人、组织或行政机关的，应写明其名称和所在地址。④起诉状副本份数，应按被告的人数提交。

附录三

本书所涉文件目录

法律

2021 年 12 月 24 日　中华人民共和国民事诉讼法
2020 年 12 月 26 日　中华人民共和国刑法
2020 年 5 月 28 日　中华人民共和国民法典
2019 年 4 月 23 日　中华人民共和国反不正当竞争法
2018 年 12 月 29 日　中华人民共和国劳动法
2017 年 9 月 1 日　中华人民共和国仲裁法
2012 年 12 月 28 日　中华人民共和国劳动合同法
2018 年 12 月 29 日　中华人民共和国公务员法
2010 年 8 月 28 日　中华人民共和国人民调解法
2010 年 4 月 29 日　中华人民共和国保守国家秘密法
2007 年 12 月 29 日　中华人民共和国劳动争议调解仲裁法

行政法规及文件

2019 年 12 月 30 日　保障农民工工资支付条例
2014 年 4 月 25 日　事业单位人事管理条例
2011 年 8 月 15 日　人事争议处理规定
2007 年 12 月 14 日　职工带薪年休假条例
2006 年 12 月 19 日　诉讼费用交纳办法
2006 年 1 月 31 日　国务院关于解决农民工问题的若干意见
1989 年 6 月 17 日　人民调解委员会组织条例

部门规章及文件

2022 年 10 月 13 日	人力资源社会保障部 中央政法委 最高人民法院 工业和信息化部 司法部 财政部 中华全国总工会 中华全国工商业联合会 中国企业联合会/中国企业家协会关于进一步加强劳动人事争议协商调解工作的意见
2017 年 5 月 8 日	劳动人事争议仲裁组织规则
2017 年 5 月 8 日	劳动人事争议仲裁办案规则
2005 年 5 月 25 日	关于确立劳动关系有关事项的通知

司法解释及文件

2022 年 4 月 1 日	最高人民法院关于适用〈中华人民共和国民事诉讼法〉的解释
2020 年 12 月 29 日	最高人民法院关于审理劳动争议案件适用法律问题的解释（一）
2020 年 12 月 29 日	最高人民法院关于人民法院民事调解工作若干问题的规定
2019 年 12 月 25 日	最高人民法院关于民事诉讼证据的若干规定
2013 年 9 月 12 日	最高人民法院关于人事争议申请仲裁的时效期间如何计算的批复
2011 年 3 月 23 日	最高人民法院关于人民调解协议司法确认程序的若干规定

图书在版编目（CIP）数据

劳动争议调解仲裁法一本通 / 法规应用研究中心编
.—北京：中国法制出版社，2023.1
（法律一本通；37）
ISBN 978-7-5216-3083-1

Ⅰ.①劳… Ⅱ.①法… Ⅲ.①劳动争议-劳动法-基本知识-中国 Ⅳ.①D922.591

中国版本图书馆 CIP 数据核字（2022）第 209604 号

责任编辑：黄会丽　　封面设计：杨泽江

劳动争议调解仲裁法一本通

LAODONG ZHENGYI TIAOJIE ZHONGCAIFA YIBENTONG

编者/法规应用研究中心
经销/新华书店
印刷/三河市国英印务有限公司
开本/880 毫米×1230 毫米　32 开　　印张/ 7.625　字数/ 175 千
版次/2023 年 1 月第 1 版　　2023 年 1 月第 1 次印刷

中国法制出版社出版
书号 ISBN 978-7-5216-3083-1　　定价：38.00 元

北京市西城区西便门西里甲 16 号西便门办公区
邮政编码：100053　　传真：010-63141600
网址：http：//www.zgfzs.com　　编辑部电话：010-63141785
市场营销部电话：010-63141612　　印务部电话：010-63141606

法律一本通丛书．第九版

1. 民法典一本通
2. 刑法一本通
3. 行政法一本通
4. 土地管理法一本通
5. 农村土地承包法一本通
6. 道路交通安全法一本通
7. 劳动法一本通
8. 劳动合同法一本通
9. 公司法一本通
10. 安全生产法一本通
11. 税法一本通
12. 产品质量法、食品安全法、消费者权益保护法一本通
13. 公务员法一本通
14. 商标法、专利法、著作权法一本通
15. 民事诉讼法一本通
16. 刑事诉讼法一本通
17. 行政复议法、行政诉讼法一本通
18. 个人信息保护法一本通
19. 行政处罚法一本通
20. 数据安全法一本通
21. 网络安全法、数据安全法、个人信息保护法一本通
22. 监察法、监察官法、监察法实施条例一本通
23. 法律援助法一本通
24. 家庭教育促进法、未成年人保护法、预防未成年人犯罪法一本通
25. 工会法一本通
26. 科学技术进步法一本通
27. 职业教育法一本通
28. 反垄断法一本通
29. 体育法一本通
30. 反电信网络诈骗法一本通
31. 农产品质量安全法一本通
32. 妇女权益保障法一本通
33. 治安管理处罚法一本通
34. 企业破产法一本通
35. 保险法一本通
36. 证券法一本通
37. 劳动争议调解仲裁法一本通
38. 劳动法、劳动合同法、劳动争议调解仲裁法一本通
39. 未成年人保护法、妇女权益保障法、老年人权益保障法一本通